L'ABBÉ NOLLET

DE PIMPREZ,

Diacre, Licencié en Théologie, Maître de Physique
et d'Histoire Naturelle des Enfants de France,
Professeur Royal de Physique au Collége de Navarre,
Membre de la Société des Beaux-Arts, de la Société Royale de Londres,
de l'Académie des Sciences d'Erfort, de l'Institut de Bologne,
Sous-Directeur de l'Académie des Sciences de Paris;

Par M. l'abbé V. LECOT,

Professeur au Petit Séminaire de Noyon.

NOYON.

IMPRIMERIE DE COTTU-HARLAY,

RUE DU NORD, Nº 6.

1856

L'abbé NOLLET

DE PIMPREZ.

L'ABBÉ NOLLET

DE PIMPREZ.

Diacre, Licencié en Théologie, Maître de Physique
et d'Histoire Naturelle des Enfants de France,
Professeur Royal de Physique au Collége de Navarre,
Membre de la Société des Beaux-Arts, de la Société Royale de Londres,
de l'Académie des Sciences d'Erfort, de l'Institut de Bologne,
Sous-Directeur de l'Académie des Sciences de Paris;

Par M. l'abbé V. LECOT,

Professeur au Petit Séminaire de Noyon.

NOYON.

IMPRIMERIE DE COTTU-HARLAY,

RUE DU NORD, N° 6.

1856

L'abbé NOLLET,

DE PIMPREZ,

Diacre, licencié en théologie, maître de physique et d'histoire naturelle
des Enfants de France, professeur royal de physique au collége de Navarre,
membre de l'Académie des sciences de Paris, de la Société royale
de Londres, de l'Institut de Bologne, et de l'Académie
des sciences d'Erfort, etc., etc.

Le nom de l'abbé Nollet est aujourd'hui presque entièrement oublié. Les travaux du savant académicien étaient plus que suffisants, sans doute, pour attacher irrévocablement sa mémoire à l'avancement des sciences, et en particulier de la physique ; mais, plus utiles que brillants, il était de leur nature de laisser disparaître le nom de leur auteur, tout en restant eux-mêmes comme le germe des plus grandes découvertes, comme le point de départ de progrès réels et immenses dans les sciences naturelles. Ce fait explique comment l'admiration de son siècle pour le talent et les rares qualités qui le distinguaient ne s'est pas conservée dans le nôtre.

Il est impossible, cependant, de voir sans regret l'indifférence succéder si vite à l'enthousiasme. Peu d'hommes, en effet, ont rendu à l'humanité et à la science des services, sinon plus éclatants, au moins plus réels que l'abbé Nollet ; et quand on verra que c'est surtout à créer une science utile et populaire que ce savant a sacrifié ses talents et sa vie, on comprendra moins encore que la postérité ait voulu y ajouter le sacrifice de sa gloire.

On a vu souvent par je ne sais quelle bizarrerie de la renommée, le mérite des inventions les plus heureuses, des idées les plus ingénieuses, attribué plutôt au propagateur habile de ces découvertes qu'au savant qui, le premier, a deviné le secret de la nature, surtout s'il joint au génie qui fait trouver les grandes choses la modestie qui fait qu'on les cache dans les circonstances où l'amour-propre seul gagnerait à leur diffusion. Nollet fut victime du caprice de la renommée ; et parce que l'illustre physicien qui porta la gloire d'une de ses plus belles découvertes, avait le génie nécessaire pour la mériter, l'opinion s'attacha à l'erreur d'autant plus facilement qu'elle avait pour elle un cachet de vraisemblance, et Franklin qui aurait pu découvrir fut préféré à Nollet qui avait découvert. Le piédestal de la gloire du premier fut élevé aux dépens de celle du second ; et Franklin passa aux yeux de la postérité et d'un grand nombre de ses contemporains pour avoir eu le premier l'idée si grande, si féconde en résultats précieux, d'expliquer le tonnerre par l'électricité.

Ce fait seul suffirait pour nous justifier d'avoir pensé à publier une courte biographie du diacre de Pimprez ; mais nous croyons encore qu'outre l'intérêt qui s'attache tout naturellement à un homme qui a vécu près de nous, le souvenir du savant, en excitant notre admiration, peut entretenir ou accroître en nous l'amour de la science ; la mémoire de l'homme de bien doit nous aider à pratiquer la vertu, en la rendant plus aimable : or, Nollet fut en même temps homme de bien et savant. C'est à ce double titre qu'il a mérité l'éloge de ses contemporains : c'est à ce double point de vue qu'il faut étudier sa vie. On y trouvera de quoi satisfaire l'intelligence par les magnifiques travaux dont elle est remplie, et de quoi édifier le cœur par le spectacle des principales vertus d'un beau caractère.

I.

Jean-Antoine Nollet naquit le 19 décembre 1700, à Pimprez (1), village situé à deux lieues de Noyon, entre cette dernière ville et Compiègne. Ses parents étaient pauvres, et subvenaient aux besoins de la famille (2) par le produit de quelques champs qu'ils cultivaient de leurs mains. Cependant, doués de ce bon sens, le génie des âmes simples, que l'on retrouve si souvent parmi les personnes même les plus grossières, ils comprirent, aux bonnes dispositions que laissait voir Antoine, que l'éducation était la plus belle dot qu'ils pussent lui procurer ; et ils résolurent de ne rien négliger pour la lui donner aussi complète que possible.

Il s'était bien élevé à cette occasion quelques légères difficultés dans le ménage des deux pauvres laboureurs. Souvent, au retour des travaux champêtres, ils ne se retrouvaient que pour parler de leur fils. Les aiderait-il dans les durs travaux des champs, et supporterait-il leurs fatigues de tous les jours ; ou bien sacrifierait-on les faibles ressources de la famille pour l'aider à acquérir des connaissances qui lui ouvriraient une carrière honorable ? Le père, voyant dans son fils un compagnon de ses travaux, et, sans doute, un allégement à ses fatigues, tenait à le conserver

---

(1) Autrefois Pimpré, et chez quelques historiens Pimbré.
(2) La famille de Nollet paraît être originaire de Gury au diocèse de Beauvais. Sa mère s'appelait Geneviève Champenois. Elle eut cinq enfants : Charles, Pierre, Antoine, Marie-Jeanne et Geneviève. La mort en enleva trois peu de temps après leur naissance, et Charles survécut seul avec Antoine. (Registres de l'état civil de la commune de Pimprez).

près de lui ; la mère, douée d'un esprit sûr, pénétrant, qui lui révélait les inclinations et lui faisait prévoir en quelque sorte l'avenir d'Antoine, ne pouvait se résigner à voir son fils réduit à traîner comme elle une existence pénible au milieu des champs, quand l'orgueil maternel le lui montrait déjà, objet d'envie pour bien des mères, s'illustrant dans la religion ou dans la science, et méritant par ses travaux l'admiration de son siècle.

Le curé fut appelé au conseil de ces deux braves paysans. Le prendre pour arbitre, c'était trancher la question : aussi tout fut-il disposé dès lors pour le départ d'Antoine, et le jour de la séparation fixé au mois d'octobre 1714.

Le jeune homme voyait arriver avec peine une époque qui allait le séparer pour longtemps du pays qu'il aimait. Il s'attristait surtout en pensant aux sacrifices que la pauvre famille devrait s'imposer pour mener à bonne fin un projet si généreusement conçu ; et plus d'une fois, poussé par un sentiment de défiance de lui-même, que sa modestie aurait fait triompher de ses goûts, il fut sur le point de renoncer aux avantages d'une carrière dans laquelle il n'entrait qu'avec appréhension, parce qu'il lui semblait difficile de répondre suffisamment par ses succès à tant de générosité et à tant d'amour.

Ses craintes se dissipèrent cependant, et, au jour fixé, le jeune Antoine partait, emportant avec le trousseau d'écolier, dans la bonne volonté et dans les heureuses dispositions qu'il avait reçues du ciel, le gage du plus brillant avenir.

II.

Clermont était le but de ce premier voyage : c'est au collége de cette ville que Nollet fit ses premières études. Elles furent ce qu'elles devaient être avec les dispositions naturelles et l'énergique volonté qu'il y apporta. « Nous ignorons absolument, dit M. Grandjean de Fouchy, dans l'Eloge qu'il fit de l'abbé Nollet, devant l'Académie, en sa qualité de secrétaire perpétuel, tout le détail de ses premières années, et nous ne commençons à le suivre que depuis les premiers pas qu'il fit dans la carrière littéraire, dans laquelle il s'est si glorieusement distingué. Ses premières études furent faites au collége de la ville de Beauvais, où il demeura jusqu'à la fin de ses humanités. A en juger par le style net et correct avec lequel il écrivait, et par l'espèce d'érudition qu'il possédait, nous pouvons assurer, sans risque, qu'il avait dû être un des meilleurs écoliers de son temps. »

Cet hommage, rendu aux premiers succès d'Antoine par un des hommes les plus distingués de son siècle, nous dispense d'insister plus longtemps sur ces commencements. Nous ferons remarquer seulement que c'est bien au collége de Clermont que Nollet fit ses premières études, et non dans la ville de Beauvais, comme l'affirme son savant apologiste. Beauvais ne le reçut que plus tard, quand des progrès rapides, des succès brillants avaient déjà attiré sur lui l'attention. Là, ses talents se montrèrent dans un plus grand jour, et souvent, nous a-t-on raconté, le directeur de la maison se plaisait à féliciter les pauvres laboureurs, et des grandes qualités qu'il remarquait dans Antoine, et de la sage détermination qu'ils avaient prise à son égard.

Au sortir des études classiques, restait une question difficile à résoudre pour le jeune Nollet et sa généreuse famille. De quel côté allaient se diriger ses efforts ? Au milieu de tant de routes diverses qui s'offraient à lui, toutes brillantes, toutes conduisant sûrement à la gloire, vers laquelle porterait-il ses pas ? Lui était-il même permis d'espérer que l'argent si péniblement amassé sous le chaume de la maison de Pimprez suffirait à le conduire à ce dernier moment des études où , quittant le banc d'écolier pour occuper la

chaire du maître, il pourrait enfin assurer à ses parents
une aisance qu'ils lui avaient si généreusement sacrifiée ?
Ces préoccupations inquiétaient sa vie. La pensée surtout
qu'il fallait bientôt quitter une ville, où ses études seraient
restées incomplètes, pour aller puiser à la source même
les principes sûrs et les leçons les plus hautes de la science,
augmentait ses appréhensions. La vie dispendieuse de
Paris, la difficulté d'y subsister avec les ressources plus que
modestes dont il pourrait disposer, tout cela contribuait
à le décourager, à l'abattre. Il sentit presque sa résolution
s'ébranler.

III.

Cependant son amour pour la science l'emporta sur
toutes les difficultés. Malgré l'exclusion complète donnée
alors, dans les colléges, à l'étude des sciences physiques, Nollet avait pu, agrandissant le cercle de ses études
privées, goûter assez de ce genre de connaissances pour s'y
sentir porté par un attrait particulier. Aussi, malgré les
obstacles sérieux que lui avaient encore exagérés un excès
de délicatesse et son extrême attachement pour sa famille,
demanda-t-il bientôt à suivre les cours de philosophie et
de mathématiques, que son ardeur impatiente lui montrait
comme la source et le principe du vrai savoir. Le père et
la mère étaient résolus à tout faire : seulement leur générosité ne devait pas suppléer à l'insuffisance de leurs ressources, et tout en acceptant volontiers les plus dures pri-
vations pour mettre leur fils à même de satisfaire cette
passion de la science qui le tourmentait si puissamment
dès lors, ils étaient loin de pouvoir suffire aux charges de
sa nouvelle position. Il fallait que la Providence vînt aider
des désirs si nobles et si légitimes d'un côté, une abnéga-
tion et un désintéressement si complet de l'autre. Elle le
fit : et la première action sensible qu'elle laissa apercevoir

dans la vie d'Antoine fut la première récompense de sa vertu.

« Un des premiers fruits de son séjour à Paris, qu'il dut à la régularité de ses mœurs et aux connaissances qu'il avait déjà acquises, fut, dit M. G. de Fouchy, que M. Taitbout, alors greffier de l'Hôtel de Ville, le choisit, malgré sa jeunesse, pour le précepteur de ses enfants. » Ainsi tous les désirs du jeune Antoine se trouvaient satisfaits : les fruits du travail de ses parents serviraient à adoucir les rigueurs de leur vie; et lui, pourrait sans inquiétude pour le présent, sans aucun souci de l'avenir, se livrer à ses études favorites.

Aussi avec quelle ardeur va-t-il s'élancer dans cette carrière où il peut marcher enfin sans préoccupation et sans contrainte! En même temps qu'il prodiguera à ses jeunes élèves les soins intelligents du maître, il ira lui-même, élève de philosophie, chercher tous les jours, auprès de maîtres capables, à développer le germe de ces connaissances qui se révéleront un jour au monde avec tant d'éclat.

Au sortir des leçons auxquelles il assistait avec une assiduité rare, Nollet revenait à l'Hôtel de Ville, et examinait les travaux des enfants; puis à peine ses élèves pouvaient-ils se passer de sa parole ou de son attention, qu'il volait à ses études de choix, et s'appliquait à reproduire, avec des instruments qu'il fabriquait lui-même, les expériences qui l'avaient le plus émerveillé ou qu'il avait mieux retenues. Il avait déjà, dès lors, son petit laboratoire, ou plutôt son petit atelier, qu'il ornait et qu'il enrichissait tous les jours de quelque instrument fabriqué de ses propres mains.

C'est là que le jeune philosophe allait s'exercer aux arts dont l'étude de la science lui faisait sentir le besoin, et sacrifier les plaisirs que lui offrait une société aimable et brillante, au désir de s'instruire. Il s'amusait surtout à travailler en émail à la lampe. « Je me souviens, dit encore M. G. de Fouchy dans son Eloge, d'avoir vu de lui un ouvrage en ce genre, dont les plus habiles émailleurs (le célèbre Roux même, qui avait été son maître en cette partie) se feraient honneur. C'était un surtout de dessert, représentant une colonnade surmontée d'une espèce de dôme ; ce dôme servait de réservoir à une quantité d'eau suffisante pour faire aller, pendant une heure et plus, des jets d'eau et des cascades qui ornaient cette machine. C'était, si l'on veut, une espèce de jeu, mais où se déclaraient déjà le talent de son auteur pour la physique, et son goût pour la belle décoration. »

IV.

Il est curieux de voir ce que pensait alors le jeune physicien de l'enseignement public tel qu'il avait été donné dans les siècles précédents jusqu'à Descartes, et comment il jugeait cette réserve affectée, ce ton mystérieux des maîtres, qui n'avait pas entièrement disparu, et qui semblait vouloir faire de la science le privilége du petit nombre, un sanctuaire impénétrable aux masses. Dans une occasion qu'il eut plus tard de manifester son sentiment, il s'élève avec force contre ces hommes orgueilleux qui traitent la science comme leur chose, et qui, par un silence affecté où l'égoïsme a plus de part que la discrétion, cherchent à laisser subsister aux yeux de la plupart des hommes les voiles qui couvrent les mystères de la nature, et ne leur permettent pas d'en pénétrer les secrets. Il condamne hautement l'obscurité du langage employé alors, et qui n'était propre qu'à rebuter les esprits les plus courageux.

« Dans ces temps de barbarie, dit-il, comme si les sciences, rougissant de leur éclat, n'eussent osé se montrer à découvert, ceux qui faisaient profession de les posséder, affectaient des expressions qui n'offraient que des idées confuses, et dont la plupart étaient absolument inintelli-

gibles pour quiconque n'était pas encore convenu de s'en
contenter. On donnait pour des explications certains mots
vides de sens, qui s'étaient introduits sous les auspices de
quelque nom célèbre, et qu'une docilité mal entendue avait
fait recevoir, mais dont un esprit raisonnable ne pouvait
tirer aucune lumière. » Aussi, n'est-il pas invraisemblable
de supposer que, dès cette époque, voué à la science pour
l'utilité pratique que peuvent en tirer toutes les intelligences, plutôt que pour la triste satisfaction de se dire ou de se
voir appelé savant, il prit la résolution de l'étudier pour la
répandre, de se l'approprier pour la divulguer aux masses.

V.

Nollet en était arrivé à cette époque difficile de la vie,
où le cœur, partagé depuis l'enfance par des inclinations
moins impérieuses, et mille goûts divers qui ont pu jusque-
là trouver leur satisfaction, se voit forcé enfin de fixer
irrévocablement ses préférences, et de laisser la volonté
maîtresse marcher librement où une sorte d'instinct sur-
naturel et d'inspiration divine la conduit. L'inaltérable
pureté de ses mœurs, la simplicité et l'innocence de ses
goûts, la sévérité de ses principes, son application opiniâtre au travail avaient paru à ses parents et à ses pro-
tecteurs des raisons suffisantes de le croire appelé à l'état
ecclésiastique. L'avis du directeur de sa conscience ne fit
que confirmer celui de ses amis : il se laissa persuader et
aborda de bonne foi une carrière qu'il devait bientôt
abandonner. Il s'appliqua aux études sacrées avec l'ardeur
qu'il avait apportée jusque-là à toutes ses autres études ;
il fréquenta en même temps la faculté des arts et la faculté
de théologie, illustrant, dans la première, la Nation de
Picardie par ses succès éclatants, et dans la seconde, la
Société des Ubiquistes, qui comptait parmi ses membres

les nombreux élèves du séminaire de Saint-Sulpice et des autres séminaires de Paris.

Le titre de maître ès-arts lui fut conféré. Après deux années d'études philosophiques, le candidat devait subir deux épreuves pour obtenir ce premier grade ; l'une devant des examinateurs choisis dans la seule nation dont il faisait partie, afin d'obtenir l'autorisation de se présenter devant les juges réunis des quatre nations ; l'autre, devant la faculté tout entière représentée par ses membres les plus distingués. Les matières philosophiques faisaient seules l'objet de ce premier examen. Nollet sortit triomphant d'une épreuve qu'un bon écolier ne pouvait pas redouter : il avait 22 ans.

Le grade de bachelier en théologie ne se conférait qu'après trois années d'études assidues dans les écoles de l'Université. Il fallait subir deux examens dont l'un sur la philosophie, sur Dieu et la création ; et l'autre sur une thèse théologique que le candidat devait soutenir contre les professeurs de la Faculté, et qui durait ordinairement cinq heures. Cette seconde épreuve n'effraya pas notre jeune théologien : à 24 ans il était bachelier.

Cependant il aspirait plus haut. Tout en remplissant avec le zèle le plus digne d'éloges ses fonctions de précepteur auprès des enfants de Taitbout, il put encore suivre pendant deux années les cours de l'Université. Dans la première il reçut le sous-diaconat. A la fin de la seconde, il sollicitait le grade de licencié qu'il devait bientôt obtenir.

Les épreuves étaient difficiles tant par la quantité des matières que par la sévérité des professeurs chargés de l'examen. Il fallait avant tout obtenir l'autorisation de *courir la licence*, qui n'était accordée qu'après deux examens sérieux, l'un sur la seconde et la troisième partie de saint Thomas, et l'autre sur l'Ecriture Sainte, l'Histoire ecclésiastique et les conciles. Cette autorisation obtenue, le candidat devait, pendant deux ans, assister aux thèses publiques et argumenter à son tour sur une question de théologie ; puis il soutenait trois thèses, dont l'une sur les Sacrements, l'autre sur l'Eglise et les controverses, et la troisième sur la Grâce, l'Incarnation et plusieurs autres traités. Cette dernière thèse durait douze heures, pendant lesquelles le candidat était harcelé par chacun des examinateurs, jusqu'à ce que, victorieux de toutes les attaques, il se retirât sûr de recevoir bientôt la bénédiction du chancelier et les insignes de la licence. Cette cérémonie eut lieu pour Nollet presque en même temps que l'appel au diaconat, à la fin de 1728.

VI.

A cette époque, il semble que l'avenir du jeune étudiant soit fixé, et que le sacerdoce, vers lequel se sont dirigés ses derniers efforts, va devenir de plus en plus l'objet de ses désirs jusqu'à ce qu'il soit devenu la récompense de ses travaux et de sa piété. A voir le diacre de Pimprez prêchant, avec un succès qu'il n'est pas téméraire de supposer, dans les chaires de la capitale, et méritant par son talent oratoire un nom (1) qui fait à lui seul l'éloge de ses débuts dans la chaire, on ne supposerait pas qu'une idée toute différente de celles qui doivent l'occuper naturellement alors, tourmente son esprit ; que des goûts, sinon nouveaux, au moins plus forts et plus exclusifs que jamais, le tentent de renoncer à une carrière où ses premières inclinations l'ont conduit.

Cependant Nollet s'est rappelé quelquefois avec ce charme et cette satisfaction intérieure qui révèlent les vrais penchants, les études qu'il n'a fait qu'effleurer autrefois, et pour lesquelles il se sent une aptitude si particulière. Insensiblement l'amour des sciences s'accroît en lui ; c'est

______

(1) On l'appelait dans quelques cercles : *le Prédicateur.*

une passion dont sa piété s'alarme en face des obligations
qu'impose l'état ecclésiastique; il hésite, il consulte, et
bientôt, craignant de ne pouvoir remplir les engagements
sacrés qu'il contracterait par le sacerdoce, il prend la résolution de n'avancer pas plus loin dans une carrière qui demande avant tout la liberté la plus complète de cœur et
d'esprit.

Comment doit-on juger une résolution qui paraît
d'abord si étrange, et que faut-il penser de la conduite du
jeune diacre dans une circonstance où il semble avoir
sacrifié son devoir à ses goûts, sa vocation à une passion
noble, il est vrai, mais toujours condamnable, si elle a pu
l'écarter de la voie qui lui avait été tracée par la Providence?

Le jugement ne nous paraît pas difficile, après surtout
que nous aurons vu Nollet, toujours fidèle à ses principes
de chrétien et d'ecclésiastique; toujours dévoué aux progrès de la religion dont il saura, si à propos, rappeler de
temps en temps le souvenir dans ses cours; toujours,
enfin, l'enfant zélé de l'Eglise, contribuant par la piété de
ses sentiments, par la solidité et l'élévation de son intelligence, à vaincre le mauvais esprit philosophique qui va
déborder, avec Voltaire, dans la société du dix-huitième
siècle. Il ne faut voir qu'une scrupuleuse délicatesse de
conscience dans une décision où la passion pour la science
entra comme partie, non comme juge, et où la raison la
plus sévère ne se laissa influencer que par les considéra-
tions morales les plus graves, et les craintes les plus
légitimes.

VII.

A peine avait-il pris cette résolution, que tous ses
instants furent employés à l'étude des sciences naturelles.
La physique expérimentale n'était pas encore née. Des-

cartes régnait dans les écoles ; ses rêves sublimes étonnèrent l'imagination du jeune étudiant ; il devait un moment sacrifier au charme que revêtait la grandeur des idées du maître. Il se perdit pendant quelque temps au milieu des tourbillons et de la matière subtile ; mais bientôt sa raison le ramena vers des objets plus réels. « Au lieu de s'enfoncer dans l'abîme de la nature, il préféra de jouer sur ses bords, et de lui dérober ces secrets qu'elle nous cache à demi comme pour nous inviter à les lui arracher (1). »

Sa réputation se répandit bientôt dans toute la France et dans les pays voisins. Il acquit en peu de temps une célébrité qu'il n'ambitionnait pas, et il avait à peine 28 ans que la Société des Arts, qui comptait dans son sein les Dufay, les Réaumur et les Clairaut, lui ouvrit ses portes.

Cependant, il n'avait été admis que sur la seule réputation que lui avaient acquise ses premiers succès. Il voulut justifier, par des travaux dignes d'elle, le choix de la Société, et il commença à livrer au public le fruit de ses recherches. Celui qui fit le plus de bruit alors fut un globe céleste, qu'il dédia, en 1730, au comte de Clermont, le Mécène de cette réunion de savants.

VIII.

A partir de cette époque, la vie de Nollet n'est plus qu'une succession rapide de services rendus à la science, de perfectionnements apportés aux industries les plus simples comme aux arts les plus élevés, de lauriers cueillis en préparant pour toutes les intelligences une abondante moisson dans le champ de la science, jusque-là stérile pour la plupart.

Il y a deux ans à peine qu'il a pu s'appliquer sérieuse-

---

(1) *Eloge de l'abbé Nollet.*

ment à l'étude de la physique, et déjà son habileté est connue des savants les plus distingués de son temps. Deux illustres physiciens se le disputent. C'est Dufay qui réclame le concours de l'habile expérimentateur pour ses études sur l'électricité à laquelle il doit attacher son nom ; c'est Réaumur surtout, qui, alors, travaille à sa graduation du thermomètre, et qui ne craint pas de soumettre les minutieux détails de ses opérations au contrôle de celui qui va s'appeler son élève, mais qui sera en réalité son émule et son ami. Dès lors, les ressources du savant diacre ne lui permettant pas d'avoir chez lui les instruments indispensables aux progrès de ses connaissances, ou plutôt à la réalisation et au succès de ses nombreuses découvertes, il use du laboratoire de Réaumur, comme il ferait du sien (1) ; il consacre aux expériences tout le temps dont il peut disposer ; le jour et une partie des nuits, il est occupé avec Réaumur, ou à observer quelque fait nouveau dont ils ont besoin pour la démonstration d'une loi qu'ils ont les premiers devinée ; ou à contrôler par des essais répétés une théorie qu'ils ne croient pas suffisamment établie. Pendant plusieurs années, les travaux de ces deux hommes si distingués sont pensés et réalisés en commun ; et, l'un par l'autre, ils perfectionnent en eux-mêmes cet esprit, cette patience d'observation, qui, comme on l'a pu dire justement, constitue dans les sciences physiques le véritable génie.

IX.

Cependant, Dufay n'avait pas oublié son ancien collaborateur, et il tenait à donner une nouvelle preuve de la juste

---

(1) Voy. *Eloge de l'abbé Nollet,* par G. de Fouchy ; et *Journal des Savants,* mai 1745, p. 803.

appréciation qu'il faisait de son mérite. Appelé par le gouvernement à faire, en 1734, dans un but scientifique, un voyage à Londres avec du Hamel et de Jussieu, il voulut que Nollet s'adjoignit à eux, persuadé que la science ne paraîtrait pas trop mal représentée par ce jeune homme, qui, en quelques années, avait déjà pu rendre de si grands services aux savants eux-mêmes.

Il ne s'était pas trompé : le peu de temps que Nollet passa en Angleterre le rendit recommandable aux savants de cette nation, et suffit à faire admirer sa merveilleuse habileté. Les hommes les plus recommandables le recherchaient à Londres ; les cercles les plus distingués se faisaient un honneur de l'attirer à eux ; la Société Royale voulut elle-même le compter au nombre de ses membres.

Si l'on pense que Nollet n'avait alors que trente-quatre ans, et que cinq ans à peine d'études sérieuses lui avaient suffi pour obtenir, par son seul mérite, une distinction si flatteuse, on comprendra aisément qu'il devait y avoir dans le jeune fils des pauvres laboureurs de Pimprez un talent réel, et l'on trouvera suffisamment justifiés les éloges que la vérité toute seule nous oblige à lui donner.

X.

De retour à Paris, Nollet s'appliqua immédiatement, et avec une constance opiniâtre, à la réalisation d'une idée qu'il poursuivait depuis longtemps, et qui fait le plus grand honneur à son caractère aussi bien qu'à son génie. Nous avons vu avec quelle franchise il stigmatisait l'orgueilleuse réserve des savants qui l'avaient précédé, et combien il avait à cœur de répandre le plus possible, même parmi les masses, les notions élémentaires d'une science qui peut être utile à tous les degrés. C'est à cette divulgation, à cette popularisation de la science qu'il va travailler.

Doué d'un esprit assez vaste pour pouvoir aspirer, par de grandes découvertes ou des théories nouvelles, à se faire un nom illustre parmi les savants, mais persuadé en même temps qu'il vaut mieux être utile à l'humanité qu'à la science, et, qu'après tout, le meilleur moyen de servir la science est de s'en servir pour l'humanité, Nollet donne lui-même l'exemple de la réforme. Secondé par l'Université de Paris, qui commençait à se lasser de l'ancienne philosophie et à sentir le vide de ses systèmes, il parvient à éclairer le roi sur les véritables intérêts de la science, et en 1735 il est chargé d'organiser un cours de physique expérimentale et de le professer.

Son enseignement sera simple comme les personnes qu'il instruit ; sa méthode facile et attrayante. « Je suppose toujours, dit-il, que le plus grand nombre n'est pas en état d'entendre les expressions d'algèbre ou de géométrie, et certains détails qui s'écartent trop des premiers principes. C'est pourquoi, plus occupé du soin de me faire entendre que du reproche qu'on pourrait me faire d'avoir abandonné le langage des sciences, dont il est assez ordinaire de se parer, je tâche de parler et d'écrire comme il faut pour être entendu, et cela me suffit. » Plus appliqué à introduire dans les esprits le goût de la science qu'à faire des savants, il laisse de côté les questions les plus difficiles, pour s'arrêter, dans chaque matière, à ce qu'il trouve plus intéressant, moins connu, et plus propre à être prouvé par des expériences.

Laissons-le nous développer lui-même le plan qu'il a toujours suivi dans ses cours avec tant de succès. Si le savant ami, nous pourrions dire le rival, des Réaumur, des Dufay et des Franklin, n'a pas craint de sacrifier sa propre gloire à l'utilité du peuple, s'il a voulu s'abaisser à instruire, tandis qu'il pouvait si facilement s'illustrer à apprendre et à découvrir, il faut que l'histoire lui rende au moins cette justice de s'arrêter un moment à l'œuvre principale de sa vie, à celle qui lui a valu, par la générosité de son choix, l'oubli presque général de son talent et des services par lui rendus à la science.

« J'explique, dit-il, avec le plus de précision et de netteté qu'il m'est possible, l'état de la question ; j'en rappelle l'origine, et j'indique, autant que je le sais, les auteurs qui passent pour l'avoir traitée avec plus de succès : je la prouve ensuite par des opérations dont je fais connaître le mécanisme, ayant soin d'en écarter tout ce qui pourrait s'y mêler d'étranger, pour ne point partager l'attention. Enfin, je ramène, soit à la question même, soit aux faits qui m'ont servi de preuves, tout ce qui peut y avoir rapport dans les phénomènes de la nature, dans les procédés des arts, dans les machines le plus en usage pour les commodités de la vie civile. C'est ainsi que j'en ai toujours usé depuis l'établissement de mes cours ; et quoique j'aie étudié avec attention le goût du public à cet égard, je n'ai rien aperçu qui pût me déterminer à changer cet ordre : j'ai cru voir, au contraire, qu'il avait tout l'effet que je m'étais proposé qu'il eût. Il m'a semblé que des principes assez souvent abstraits, et que l'on ne pourrait apprendre de suite sans une application laborieuse, s'insinuaient plus aisément dans l'esprit, lorsqu'ils étaient ainsi entrecoupés par des expériences intéressantes, qui obligent d'en reconnaître et la vérité et l'utilité. »

XI.

Nollet ne s'était point trompé ; aussi à peine eut-il donné l'occasion d'apprécier son enseignement, que l'on se pressa autour de la chaire du professeur de physique comme on ne l'avait jamais fait autour d'aucune autre. Ce savant généreux vit sa noble idée comprise. Le peuple des étudiants répondait à son appel ; la science allait pouvoir descendre, par son intermédiaire, jusqu'au rang le plus humble des intelligences peu cultivées ; il avait obtenu dans le succès une récompense suffisante à tous les sacrifices qu'il lui avait fallu faire : il était content.

Cependant, des récompenses d'un autre genre devaient venir plus tard encourager ses efforts. Il allait compter, parmi ses auditeurs, une foule de ces hommes dont l'attention seule est une faveur, des savants de mérite, qui croyaient encore pouvoir gagner à l'entendre ; d'illustres Évêques, heureux d'encourager par leur présence une institution si précieuse pour la science et pour la foi ; des princes du sang, et le roi lui-même qui, malgré les préoccupations des affaires et des plaisirs, crut devoir témoigner plus d'une fois de son intérêt pour des leçons que l'opinion accueillait avec tant d'enthousiasme.

Le cours de physique expérimentale fut établi, à la demande de l'Université, et avec l'autorisation de Louis XV, au collége de Navarre. Dès les premières leçons, l'affluence était si grande, que l'évêque de Laon, supérieur du collége, dut immédiatement demander au roi l'autorisation de faire préparer un local qui suffît au nombre toujours croissant des auditeurs de l'abbé Nollet. Il l'obtint facilement, et bientôt un magnifique amphithéâtre fut construit ; une tribune fut élevée pour le roi, les princes et les personnes de distinction que la renommée du professeur attirait à ses cours (1).

XII.

Cependant, on ne se contenta pas d'applaudir à ces

---

(1) « Le 6 juillet 1754, plusieurs évêques étaient réunis au collége de Navarre. L'évêque de Laon voulut leur procurer le plaisir d'entendre la leçon de physique expérimentale. On les conduisit à la grande tribune. L'abbé Nollet résuma ce qui avait été dit dans les deux leçons précédentes : il continua ensuite son explication, et il fit des expériences. Les prélats témoignèrent beaucoup de satisfaction, et donnèrent de justes applaudissements à un établissement qui fait honneur à la nation, et en particulier à l'Université de Paris. Ils parurent frappés de la beauté de l'amphithéâtre qu'on a construit pour cette école. Quelque grand que soit le nombre des auditeurs de l'abbé Nollet, ils peuvent y être tous commodément placés. Cet embellissement est un nouveau bienfait qu'il a plu à Sa Majesté d'accorder à son collége de Navarre.) »

(*Journal historique sur les matières du temps*, août 1754, p. 154.)

essais, et on voulut imiter partout une création dont on avait lieu d'admirer tant de fruits. Un grand nombre de provinces demandèrent à avoir leur cours public de physique, et plusieurs collèges des Jésuites, des Pères de l'Oratoire, de la Doctrine Chrétienne et de Saint-Lazare adoptèrent dès-lors l'usage de présenter à leurs nombreux élèves les preuves d'expérience dans des exercices où tous étaient admis. L'université de Reims suivit bientôt cet exemple; l'Académie royale des sciences et belles-lettres de Bordeaux confia aux soins de l'illustre professeur la construction de nombreux instruments qu'elle voulait faire servir aussi à des démonstrations publiques. Un enthousiasme général succéda bientôt à la froide indifférence de tous les esprits pour une science jusque-là si ignorée. Dès ce moment, l'étude de la physique était répandue en France, et cette popularisation de la science, ce bienfait signalé destiné à répondre à un besoin immense, tant de l'industrie que de l'intelligence humaine, était l'œuvre de l'abbé Nollet (1).

Plusieurs fois le célèbre professeur se vit forcé d'interrompre ses leçons pour répondre à l'appel de savants étrangers qui l'invitaient, ou à venir juger par lui-même de la valeur de nouvelles découvertes par les expériences qu'ils feraient en sa présence, ou à établir dans leurs principales académies des cours de physique expérimentale sur le modèle du sien. C'est ainsi qu'en 1736 il passa en

---

(1) « On étudie plus que jamais la physique, dit le *Journal des Savants* de janvier 1744; on pourrait même dire que cette science est plus cultivée aujourd'hui que toutes les autres. La route certaine pour nous conduire au vrai dans cette partie de la philosophie est de commencer par la physique expérimentale, en se réservant le droit de pénétrer par la suite, si on le peut, les démarches secrètes de la nature. — M. l'abbé Nollet, frappé, sans doute, de cette idée, a établi, depuis plusiéurs années, une école où il fait des expériences : les plus grands seigneurs ont paru satisfaits de ce qu'ils y voyaient et de ce qu'ils y entendaient. Les princes ont honoré le maître d'une attention suivie, et ont été prendre chez lui des connaissances qui ornent toujours l'esprit, et donnent du lustre à la naissance la plus distinguée. »
(*Journal des Savants*, janvier 1744, p. 45.)

Hollande, où il se lia étroitement avec les savants les plus remarquables de ce pays, Désaguliers, S'Gravesande, et Muschembroëk, trois apôtres de la science, trois pionniers de la physique à laquelle ils firent faire des progrès immenses, chacun dans une direction particulière (1). Ses bons rapports constants avec ces trois hommes si éminents font autant l'éloge de son cœur que de son esprit.

C'est probablement dans ses fréquentes relations avec le second de ces savants que Nollet puisa l'idée de perfectionner un des instruments dont l'usage est le plus habituel en physique. La machine pneumatique était loin alors de donner le vide parfait, sans lequel une foule d'expériences sont privées d'intérêt, ou au moins perdent une partie de leur poids aux yeux de spectateurs toujours si exigeants lorsqu'il s'agit d'expliquer un phénomène ou de démontrer une loi. Nollet parvint à rendre la pompe pneumatique plus exacte et d'un usage plus facile, en proportionnant plus adroitement la capacité du cylindre à sa grandeur, en employant pour les pistons des matières propres à diminuer le frottement ; enfin, en appliquant la force motrice d'une manière plus avantageuse.

La machine pneumatique double fixa aussi son attention. Deux pompes posées verticalement aboutissent à un robinet commun, au lieu de deux qu'avait celle de S'Gravesande. Le robinet fait l'office de soupape comme dans celle du professeur de Leyde. Une roue agit sur deux crémaillères, qui, comme dans la pompe de Hawksbée, servent de queue aux pistons, et la manivelle qui mène cette roue tourne alternativement de droite à gauche et de gauche à droite, de manière à placer la clef du robinet dans la situation convenable pour faire sortir ou intercepter l'air à

---

(1) « Ce fut alors qu'il eut occasion de voir MM. Muschembroëk, Allaman et plusieurs autres illustres physiciens avec lesquels *il était déjà digne de figurer,* et qu'il lia avec eux une amitié et une correspondance qu'il a toujours entretenue jusqu'à sa mort. »

(G. DE FOUCHY, dans son *Eloge.*)

chaque coup de piston. C'est, à peu de chose près, la machine dont nous nous servons encore aujourd'hui.

Nollet ne négligeait pas tout ce qui pouvait plaire, en même temps qu'il recherchait avec tant d'ardeur tout ce qui pouvait être utile. Aussi ne se contentait-il pas de perfectionner un instrument de physique en indiquant les moyens de lui donner plus de précision, ou de le mettre plus facilement en usage ; il s'appliquait à flatter le goût, à satisfaire la curiosité, en recherchant les formes les plus agréables qu'il pouvait lui donner, en le rendant propre à une foule d'expériences qu'un talent moins pénétrant, un génie moins exercé n'aurait pas même soupçonnées. Il savait, en un mot, répandre prudemment sur la science ces ornements qui la rendent plus attrayante, sans lui ôter sa solidité et sa profondeur, « ces fleurs, dit un de ses biographes, dont la sévérité de la philosophie lui permet quelquefois d'orner son front. »

XIII.

Il est facile de comprendre de quelle utilité durent être aux expérimentateurs les modifications apportées à une machine d'un usage si fréquent dans les cours de physique. Nous avons mentionné ce perfectionnement, entre mille autres que nous pourrions citer dès cette époque de la vie de Nollet, et qui le firent apprécier et estimer de plus en plus des vrais savants. Il n'est presque pas un instrument susceptible de perfectionnements avantageux que Nollet n'ait reconstruit et rendu plus propre aux expériences. Et, d'ailleurs, combien ne sont dus qu'à son génie et à la patience de ses travaux ! Combien d'appareils nouveaux furent créés par lui, et vinrent former, à proprement parler, les cabinets de physique qui n'existaient pas avant lui !

Tant de services rendus à un âge encore peu avancé, des dispositions si admirables avec un désintéressement si complet, lui valurent enfin une distinction à laquelle il eût pu parvenir plus tôt avec plus d'ambition et moins de génie. L'Académie des sciences le voyait avec bonheur se rendre tous les jours de plus en plus digne d'elle : tout, en effet, était de nature, dans l'abbé Nollet, à justifier les préférences de ses membres. La noblesse du caractère et la supériorité du talent le recommandaient à tous les suffrages. On n'attendait qu'un fauteuil vide pour le prier de s'y asseoir.

L'occasion se présenta au commencement de l'année 1739. Buffon, l'immortel Buffon, que ses collègues jugeaient digne de « s'asseoir dans l'Académie à toutes les places, » avait quitté celle d'Adjoint Mécanicien pour celle d'Adjoint Botaniste. Nollet fut choisi pour lui succéder.

Trois ans après, la mort de l'abbé de Molières laissa vacante une place d'associé : Nollet fut élu.

Il devait un jour y remplacer, en qualité de pensionnaire, M. de Réaumur, son maître et son ami.

XIV.

La réputation de notre académicien avait déjà, depuis longtemps, franchi les bornes de la France ; son nouveau titre ne fit que l'accroître, et bientôt des princes étrangers eux-mêmes voulurent l'avoir à leur cour. Le duc de Savoie désira s'instruire de ses leçons, et le fit mander à Turin. Nollet se rendit à ses instances, et interrompit quelque temps son cours à Paris pour le continuer dans la capitale du Piémont.

Il y passa environ six mois, après lesquels, nous raconte-t-il ingénûment lui-même, le roi de Sardaigne lui adressa les remercîments les plus flatteurs, et fit placer à l'Université tous les instruments qu'il avait emportés avec lui, afin que les professeurs pussent essayer de s'en servir dans la suite comme il l'avait fait, et enseigner, avec leur secours, la physique par voie d'expérience.

Trois ans plus tard, Nollet, toujours généreux, toujours dévoué aux véritables intérêts de la science plus qu'à sa gloire personnelle, se rend à l'invitation des physiciens de Bordeaux qui veulent s'éclairer de son expérience, et se perfectionner par ses conseils. C'est le même enseignement qu'à Turin et à Paris, également goûté, également applaudi ; on se porte à ses leçons avec une ardeur enthousiaste qui s'accroît à mesure qu'on l'entend. Mais l'illustre Diacre ne peut prolonger au delà de quelques mois son séjour dans les villes où sa réputation l'a appelé, et où sa noble simplicité lui a permis de se rendre. A Bordeaux comme à Turin, il quitte trop tôt une chaire qu'il a rendue si instructive et si brillante ; mais il y laisse l'esprit de son enseignement, et d'habiles professeurs, formés à sa manière, continuent après lui ses leçons avec un succès qu'on n'avait jamais obtenu.

Les physiciens trouvèrent bientôt, d'ailleurs, dans la publication que fit à cette époque le savant académicien du Programme de son cours, un auxiliaire puissant, un guide sûr, qui devint, par le fait, le programme de tous les cours établis dans les grandes villes de France et dans les royaumes voisins. Nous ne nous arrêterons pas à cet opuscule qui n'est que l'ébauche d'un ouvrage plus considérable publié cinq ans plus tard, et dont nous allons nous occuper longuement.

XV.

Les *Leçons de Physique expérimentale* sont l'œuvre tout à la fois du savant profond, du philosophe judicieux, et du chrétien sincère, ou plutôt du Diacre vraiment digne de ce nom. Rien n'est exagéré dans cet éloge.

S'il est possible, en effet, que le physicien se révèle dans un cours oral ou écrit avec ces qualités éminentes qui font le savant, le philosophe, et l'homme religieux, Nollet l'a fait dans son enseignement. Philosophe dans sa méthode, savant dans ses discussions et dans ses démonstrations, il ne craint pas, par intervalles, de rappeler à ses auditeurs la pensée de l'auteur trop souvent oublié des merveilles qu'il expose. Le mérite de son ouvrage est annoncé dans la préface, où, d'une main habile, l'illustre Professeur a résumé, avec les principes sûrs d'une méthode toute rationnelle, les qualités qui doivent faire le vrai savant dans la science qu'il enseigne. Nous ne craindrons pas de citer de longs extraits de ces préceptes qui joignent au mérite d'une expression pure et quelquefois élégante celui d'une perpétuelle actualité.

Et d'abord, c'est sa méthode qu'il expose. Fort de ses expériences personnelles et des expériences des autres, l'affirmation d'un homme illustre dans la science ne sera rien pour lui devant l'autorité des faits. « Je ne me présente ici, dit-il, sous les auspices d'aucun philosophe; ce n'est ni la physique de Descartes, ni celle de Newton, ni celle de Leibnitz que je me suis prescrit de suivre particulièrement ; c'est, sans aucune préférence personnelle et sans distinction de nom, celle qu'un accord général et des faits suffisamment constatés me paraissent avoir solidement établie. Pénétré de respect et même de reconnaissance pour les grands hommes qui nous ont fait part de leurs pensées, et qui nous ont enrichis de leurs découvertes, de quelque nation qu'ils soient, et dans quelque temps qu'ils aient vécu, j'admire leur génie jusque dans leurs erreurs, et je me fais un devoir de leur rendre l'honneur qui leur est dû ; mais je n'admets rien sur leur parole, s'il n'est frappé au coin de l'expérience, ou démontré selon les règles. En matière de physique, on ne doit point être esclave de l'autorité ; on devrait l'être encore moins de ses propres préjugés, reconnaître la vérité partout où elle se montre, et ne point affecter d'être Newtonien à Paris et Cartésien à Londres. »

Puis, indiquant la marche qu'il suivra dans ses démonstrations : « De tous les faits que je suis en état de produire pour prouver chaque proposition, je n'en emploie jamais qu'un certain nombre qui soit suffisant ; et, par cette économie, je gagne du temps pour des choses plus nécessaires, et je me mets en état de varier agréablement et utilement mes preuves pour des personnes qui assistent plusieurs fois à mes cours. J'ai eu la même attention en écrivant ; je n'ai point voulu que le lecteur, ébloui d'un nombre superflu d'opérations, pût perdre de vue les vérités qu'il s'agit d'établir : en lui rapportant des faits dignes d'attention, j'ai compté mettre sous ses yeux des preuves qui affermissent ses connaissances. »

XVI.

Dans toute la suite de ses leçons, on reconnaît toujours dans Nollet cet esprit sûr, ce jugement profond qui le met bien au-dessus de l'ambition mesquine d'une gloire sans utilité pour les autres. Sans flatteries obséquieuses comme sans préventions jalouses pour les savants dont les noms font autorité dans la science, il recevra d'eux les enseignements qu'aura contrôlés l'expérience ; il ne croira rien sur parole, rien sur une affirmation sans preuves. Sans cesse attentif à rendre intéressante la science qu'il enseigne, il ne sacrifiera jamais cependant le désir d'être utile à celui d'intéresser sans profit. Ses leçons écrites, comme son cours oral, ne sont pas destinées au savant de profession, mais aux personnes qui veulent acquérir quelque connaissance de la physique. Il a eu en vue surtout les jeunes gens qui passent les premières années de leur vie dans les colléges, pour qui tout est nouveau dans la nature, dont l'esprit est naturellement avide de ces sortes de connaissances, et qu'il est si important, comme l'a dit un grand philosophe (1), d'accoutumer à penser juste, même sur des sujets inutiles.

Sa méthode et son but une fois nettement indiqués, il essaie, dans un langage noble et tout à fait à la hauteur du sujet qu'il développe, de faire ressortir à tous les yeux l'utilité de la science qu'il travaille à répandre ; puis, arrivant à une des conséquences de cette étude qu'il regarde comme la plus naturelle et la plus avantageuse au savant, il aime à constater le bon effet moral que doit produire sur le cœur l'intelligence des merveilles accumulées dans la nature. « L'avantage le plus précieux, dit-il, et que toute âme bien née ne manque pas de ressentir en étudiant la nature, c'est la nécessité où l'on est de reconnaître partout l'Etre suprême qui a formé ce vaste univers, et qui préside sans cesse à ses propres œuvres. Plus on avance dans cette étude, plus on est convaincu que ce qui en fait l'objet n'est point une production du hasard : tout y annonce une puissance infinie qui étonne, une sagesse profonde qu'on ne peut assez admirer, des intentions et une bonté qui méritent toute notre reconnaissance. Ces merveilles que nous avons sous les yeux parlent au cœur autant qu'à l'esprit ; en éclairant l'un, il est naturel qu'elles touchent l'autre ; ce que nous en apprenons, en nous rendant moins ignorants que le vulgaire, peut aussi faire naître en nous des sentiments plus vifs, et nous rendre plus fidèles à nos devoirs. »

XVII.

C'est par cette remarque si judicieuse et si vraie que Nollet termine la préface de ses Leçons expérimentales ; puis, dans un discours d'ouverture, remarquable à tous les points de vue, et que l'on pourra toujours consulter avec fruit, il indique longuement les dispositions qu'il faut apporter à l'étude des sciences naturelles, et en particulier

____

(1) Fontenelle, *Hist. de l'Acad. des Sciences*, 1699, Préf., p. xi.

de la physique. C'est un ouvrage à part que ce discours préliminaire, précis, complet, parfaitement pensé, très-bien écrit, et tout plein de ces conseils sages, de ces leçons éminemment utiles que l'expérience la plus consciencieuse lui avait inspirés.

Le savant académicien ne veut pas que l'on s'attache à l'étude de la physique, s'il n'est pas probable que l'on y réussira ; que l'on cherche donc avant tout à déterminer si on a dans l'esprit et dans le cœur les sages dispositions qu'il demande. Sans doute, ce qui était presque impossible autrefois, à cause du langage inintelligible des maîtres, devient de jour en jour plus facile, grâce à la méthode introduite d'abord par Descartes, et à la réforme qu'elle a occasionnée dans la manière de philosopher ; sans doute on ne déshonore plus la science par un enseignement énigmatique qui déshonorait autant la raison ; on commence à sacrifier les préjugés à l'évidence ; on n'offre à l'esprit, pour expliquer les effets naturels, que des causes palpables et vraiment physiques ; si on emploie des conjectures pour deviner ce que l'on ne voit pas, on ne les présente plus que comme des probabilités, que l'autorité la plus grave et la plus respectable ne défend pas contre un doute légitime ; toutes ces réformes ont facilité l'étude de la science, et permettent au plus grand nombre d'y réussir ; mais les difficultés, cependant, n'ont pas entièrement disparu.

Dans la physique, comme dans toute autre science, les commencements sont épineux ; les premières idées ont peine à s'établir ; la nouveauté des termes, autant que celle des objets, fatigue l'esprit par l'attention qu'elle demande ; il faut donc, pour l'élève, un courage supérieur aux difficultés, et une persévérance à l'épreuve de tous les obstacles. Pour le maître, il faut qu'il s'attache à être simple dans son enseignement, clair et précis dans son exposition, rigoureux dans ses preuves ; il faut, surtout, et c'est en cela que Nollet a rendu le plus grand service à la science, qu'il sache exciter la curiosité, et ménager l'attention par des expériences utiles; que la science entre plus par les yeux que par l'oreille, selon cette maxime du poëte confirmée par l'observation des philosophes :

Segniùs irritant animos demissa per aurem
Quàm quæ sunt oculis subjecta fidelibus (1)...

Ce n'est pas seulement aux leçons qui sont données dans les cours que l'élève studieux doit s'instruire ; il doit être à la recherche des observations nouvelles, des découvertes récentes ; il doit, autant que possible, savoir les langues étrangères pour puiser dans les recueils des autres nations des connaissances qu'il ne trouvera pas toujours chez les auteurs qui ont écrit dans sa propre langue. Tout préjugé, toute idée préconçue doit être impitoyablement rejetée ; il faut faire table rase dans l'intelligence avant d'étudier. La condition la plus nécessaire, enfin, à l'avancement des sciences, c'est l'union et l'accord des savants; pas de ces divisions honteuses pour la science et pour l'humanité, qui sont venues déshonorer quelquefois les génies les plus brillants, et entacher la réputation des meilleurs esprits ; pas de concurrences haineuses; toujours une sainte et consciencieuse rivalité.

XVIII.

Nous avons vu Nollet professer hautement la plus complète indépendance à l'égard des savants, pour tout ce qui n'est qu'opinion, que système opposé à d'autres systèmes. Mais c'est surtout dans ce qui touche à la philosophie que se révèle en lui cette noble et fière indépendance; et il fallait, à cette époque, ne pas manquer d'un certain courage, pour parler le langage que parlait Nollet. En plein

---

(1) Hor. *Ars poet.*, v. 180.

dix-huitième siècle, sous le règne de cette philosophie dont ce n'est pas la moindre honte que celle même de notre époque ait osé la répudier ; en face d'un public, dont les dispositions sont au moins douteuses ; au milieu de ces savants qui croient n'avoir rien à apprendre que de leur raison ; devant cette foule de jeunes gens qui doivent adhérer plus volontiers aux principes voltairiens, qu'aux règles sévères de l'Evangile, le professeur chrétien ne craint pas de laisser paraître ses convictions. Il comprend que le danger le plus commun pour ceux qui étudient est de refuser leur adhésion à tout ce que leur esprit n'a pas découvert de lui-même ou immédiatement démontré ; il sait que toujours, dans l'étude des sciences, s'il arrive que des vérités appuyées sur une expérience suffisante, et entourées de preuves solides, paraissent être opposées à l'enseignement de la foi, ce sont des armes qui sont mises aussitôt à profit, et dont l'impiété abuse sottement pour essayer d'ébranler des vérités éternelles ; et il vient, avec l'autorité du talent, de la bonne foi et de l'expérience, tracer à ses auditeurs une règle de conduite tout opposée.

« S'il arrive, dit-il, qu'une vérité évidente nous semble ne pas s'accorder avec une autre vérité qu'il nous est ordonné de croire, souvenons-nous qu'elles viennent toutes deux de la même source ; que l'Être suprême, qui a révélé les articles de notre foi, est aussi le Dieu, le législateur de toute la nature, et incapable de se contredire en rien. En pareille conjoncture, que la raison, religieusement soumise à la révélation, ne se refuse cependant pas au trait de lumière naturelle qui l'éclaire ; qu'elle ne prenne pas le parti de regarder comme faux ce que l'évidence lui montre être vrai ; mais qu'elle rejette sur la faiblesse de l'entendement humain et sur sa propre ignorance la contradiction apparente qui l'embarrasse, et qu'elle attende, sans impatience, que de nouveaux efforts et une nouvelle lumière lui découvrent ce qui est encore caché, et lui apprennent à concilier ce qu'elle voit avec ce qu'elle est obligée de croire. »

Rien de plus simple, rien de plus rationnel que la méthode suivie par Nollet dans ses leçons. Il commence par présenter à ses lecteurs l'expérience qui fait le sujet de la matière qu'il traite ; il l'analyse dans des articles séparés, puis il en explique tous les détails, et il termine par des applications ingénieuses, soit aux arts, soit aux phénomènes qui se passent tous les jours sous nos yeux, et auxquels nous ne faisons que trop peu d'attention.

<h2 style="text-align:center">XIX.</h2>

S'il se présente, à l'occasion d'un principe de physique, une question philosophique liée étroitement au sujet qu'il expose, il l'aborde avec ce sens droit, cet esprit profond, cette facilité naturelle au génie, qui fait que l'on s'étonne, après l'avoir lu et entendu, de n'avoir pas deviné ce qu'il nous a appris.

Ainsi, dans la première leçon, il se demande s'il faut reconnaître une limite à la divisibilité des corps ; à la divisibilité idéale, mathématique ? Non, sans doute, répond-il. Mais à la divisibilité matérielle ? — Qui sait si la nature est aussi féconde que notre imagination ? si ce que nous concevons comme possible a lieu dans la réalité ? si ces petites portions d'étendue, qui se touchent sans se confondre, pour être réellement distinguées l'une de l'autre, sont pour cela actuellement divisibles ? s'il est de leur nature de pouvoir exister séparément l'une de l'autre ?

Une double puissance exerce son empire sur le monde des corps comme sur celui des esprits. Outre les vérités nécessaires dont la négation conduit à l'absurde, il est des vérités déterminées par la seule volonté libre du Créateur. Or, de ce qu'il ne paraît pas découler d'une vérité nécessaire que la matière ne soit pas divisible à l'infini, est-on en droit de conclure que la volonté libre de Dieu n'est pas venue fixer des limites à cette propriété des corps qui était absolument possible?

Un grand nombre de philosophes ont cru, et un certain nombre croient encore aujourd'hui, qu'il existe dans la nature des parties insécables, qu'ils appellent atomes ou particules élémentaires ; mais n'ont-ils pas quelque raison d'adhérer à ce sentiment? Ils citent pour preuve une expérience de six mille ans. « C'est pour cela, disent-ils, que l'état naturel des choses a toujours subsisté le même depuis sa première origine : un chêne est toujours un chêne ; un cheval est aujourd'hui ce qu'il était au commencement ; si les germes, ou ce qui constitue chaque nature en particulier, était quelque chose de divisible, la nature en général n'aurait-elle pas changé de face par les différentes mutations qu'auraient souffertes les espèces particulières ? »

« Quoique j'aie plus de penchant, continue-t-il, pour admettre les atomes ou corpuscules insécables, que pour supposer la matière physiquement divisible à l'infini, je ne puis dissimuler cependant que l'argument que je viens de citer, tout spécieux qu'il est, n'a point assez de force pour décider la question, et qu'on y peut répondre validement. Car, quand bien même ces petits êtres, production immédiate de la création, ne seraient point insécables, comme on le suppose, l'Auteur de la nature n'aurait-il pas pourvu suffisamment à la durée de ses œuvres, en ne laissant dans le monde que des moyens impuissants pour en déranger l'économie? Que l'on prouve donc que l'indivisibilité absolue des parties primordiales est la seule voie qu'ait dû prendre la sagesse du Créateur, pour rendre chaque espèce inaltérable....... »

Ainsi, exposant tour à tour les arguments des deux systèmes opposés avec cette force et cette clarté qui lui étaient naturelles, Nollet arrive à cette déclaration que dans une foule de questions qui ont divisé l'Ecole, le plus sage est de se tenir dans une prudente réserve, et que souvent la meilleure solution est de n'en point avoir.

XX.

Nous avons fait connaître, autant que nous le permettent les bornes de ce court travail, celui des ouvrages de l'illustre académicien qui contribua le plus à sa réputation, et fut le plus utile à la science. Il nous reste à rapporter les jugements dont les hommes les plus compétents ont honoré les Leçons de physique expérimentale. Nous nous bornerons à quelques-uns.

« Le préjugé raisonnable, disent les *Mémoires pour l'Histoire des Sciences* (1), est toujours pour les ouvrages d'art, écrits par les maîtres, lorsqu'ils savent écrire ; ce qui n'est pas ordinaire à toutes sortes de savants. Ainsi, le livre de l'abbé Nollet étant bien écrit, c'est-à-dire, d'une manière convenable au sujet, et d'un style clair et méthodique, l'ouvrage ne peut manquer d'être bon dans son genre. M. l'abbé Nollet y a égalé, perfectionné même, à bien des égards les plus fameux savants, les Désaguliers, en Angleterre, les S'Gravesande, les Musschembroek, en Hollande, les Polinière, en France. »

« .... C'est surtout comme introduction à la saine physique que les leçons de M. l'abbé Nollet nous paraissent utiles, préférables même à celles des Newtoniens, de Polinière même, qui donnent constamment trop dans le détail des expériences recherchées et plus artificielles que naturelles, et ne les enchaînent guère avec le raisonnement ; au lieu que M. l'abbé Nollet nous a fort agréablement surpris et tout à fait intéressés au succès de son ouvrage, lorsque nous l'avons trouvé étayant partout les expériences artificielles et merveilleuses de mille observations natu-

---

(1) V. *Mémoires pour l'Histoire des Sciences*, août 1744, p. 1391.

relles, communes, mais vraies, et de ce qu'on peut appeler les propres expériences de la nature; et ne faisant même nulle difficulté de toucher aux raisonnements judicieux, aux conjectures fondées, aux hypothèses ingénieuses, quelquefois même hasardées, qui résultent de cet amas de faits combinés, et qui, sans cette combinaison et ce résultat général, ne seraient qu'une affaire de mémoire, et ne perfectionneraient pas beaucoup l'esprit et le jugement. »

« On admire, dans les Leçons de Physique expérimentale, dit l'auteur d'un Éloge de l'abbé Nollet, une méthode inconnue jusqu'alors, une netteté singulière dans les idées et dans la manière de les exprimer. Il eut l'art d'assujettir tout à l'expérience, et de soumettre les vérités intellectuelles au jugement des sens. Les démonstrations mathématiques prirent un corps sous sa main, et furent étonnées de la forme nouvelle sous laquelle il avait su les produire. »

« On avait eu jusque-là, dit enfin M. Grandjean de Fouchy, quelques ouvrages en ce genre, mais en très-petit nombre, et il s'en fallait bien qu'ils fussent aussi étendus et que les matières fussent traitées avec l'ordre, la netteté et la précision qui règnent dans celui-ci. Le choix des questions y est fait avec la plus grande intelligence. Nous ne pouvons passer sous silence l'adresse avec laquelle l'abbé Nollet a su substituer, en plusieurs endroits, des preuves d'expérience aux démonstrations mathématiques qu'il ne fait qu'indiquer. Il se met, par ce moyen, à la portée d'un bien plus grand nombre de lecteurs, et ceux même qui sont en état d'entendre les raisonnements mathématiques ont le double plaisir de les retrouver dans une forme nouvelle, et de voir des vérités intellectuelles soumises, en quelque sorte, au jugement des sens. »

Les éloges que renferment ces appréciations n'ont rien d'exagéré. L'opinion eût bientôt applaudi à la publication d'un ouvrage si plein des qualités qui recommandent un livre au public. Le roi félicita l'abbé Nollet, qu'il admit à lui présenter ses Leçons, et bientôt la physique du Diacre de Pimprez fut dans les mains de tous les savants, même des pays étrangers, qui les firent traduire dans leur langue.

Les six volumes que nous possédons aujourd'hui ne furent pas publiés à la même époque. Les deux premiers virent le jour en 1743, et furent réimprimés moins de deux ans plus tard, au commencement de 1745, c'est-à-dire avant même la publication du troisième, en sorte que la seconde édition des premiers volumes devança la première édition des derniers. L'ouvrage fut terminé par la publication du sixième volume en 1764.

XXI.

Avant de quitter cet ouvrage, il nous reste à exposer la plus brillante des découvertes de l'abbé Nollet. C'est, en effet, dans ses Leçons de Physique expérimentale que ce savant émet, le premier, d'une manière précise, l'idée de l'explication du tonnerre par l'électricité. — Plus d'un an avant tous les autres physiciens (1), il avait exposé, dans le quatrième volume de son ouvrage, ses doutes sur une analogie qu'il considérait comme probable.

Après avoir réfuté toutes les explications que l'on prétendait donner de la production de la foudre au sein des nuages, « ne me reprochera-t-on pas, dit-il, d'avoir jeté plus d'incertitudes que d'instructions dans l'esprit de mon lecteur ? J'ai cependant compté l'instruire en lui montrant les endroits faibles du système que j'exposais, afin que, s'il n'en est pas plus content que je le suis, il suspende son jugement comme je suspends le mien, et qu'il se tienne toujours prêt à examiner sans prévention tout ce qu'on pourra essayer de dire par la suite sur le même sujet. »

---

(1) Nollet l'affirme lui-même dans ses Lettres sur l'électricité adressées à Franklin, v. vii lettre.

« Si quelqu'un, par exemple, entreprenait de prouver, par une comparaison bien suivie des phénomènes, que le tonnerre est, entre les mains de la nature, ce que l'électricité est entre les nôtres, que ces merveilles dont nous disposons maintenant à notre gré, sont de petites imitations de ces grands effets qui nous effraient, et que tout dépend du même mécanisme : si l'on faisait voir qu'une nuée préparée par l'action des vents, par la chaleur, par le mélange des exhalaisons, etc., est, vis-à-vis d'un objet terrestre, ce qu'est le corps électrisé en présence et à une certaine proximité de celui qui ne l'est pas ; j'avoue que cette idée, si elle était bien soutenue, me plairait beaucoup ; et, pour la soutenir, combien de raisons spécieuses ne se présentent pas à un homme qui est au fait de l'électricité ? L'universalité de la matière électrique, la promptitude de son action, son inflammabilité et son activité à enflammer d'autres matières ; la propriété qu'elle a de frapper les corps extérieurement et intérieurement, jusque dans leurs moindres parties ; l'exemple singulier que nous avons de cet effet dans l'expérience de Leyde, l'idée qu'on peut légitimement s'en faire, en supposant un plus grand degré de vertu électrique, etc. ; tous ces points d'analogie, que je médite depuis quelque temps, commencent à me faire croire qu'on pourrait, en prenant l'électricité pour modèle, se former, touchant le tonnerre et les éclairs, des idées plus saines et plus vraisemblables que tout ce qu'on a imaginé jusqu'à présent. »

C'est en 1749 que Nollet tenait ce langage ; Franklin ne parut partager l'idée du physicien français que vers 1751. Les preuves d'analogie que Nollet trouve dans l'universalité de la matière électrique, dans la promptitude de son action, dans son inflammabilité et son activité à enflammer d'autres matières, dans la propriété qu'elle a de frapper les corps extérieurement et intérieurement jusque dans leurs moindres parties, dans l'expérience de Leyde, etc., avaient donné à son hypothèse plus que le caractère d'une simple conjecture; la vraisemblance était évidente; la certitude était presque établie.

Cependant, il restait des expériences décisives à faire. Outre l'observation minutieuse des phénomènes, que conseillait Nollet, et qui devait forcer à conclure de la similitude des effets à celle des causes, il restait à tenter des essais directs, positifs ; et, en partant d'une hypothèse si ingénieusement imaginée, on pouvait, si elle était vraie, demander aux nuages eux-mêmes le secret de la merveille qu'ils portaient, et les forcer à révéler l'agent mystérieux qui les rendait alors si redoutables.

XXII.

L'œuvre de Franklin fut d'indiquer, et de réaliser, au moins en partie, ces expériences. Ce ne fut que dans l'été de 1752 qu'il put compléter les preuves apportées par Nollet, et confirmer les prévisions de ce savant. Laissons-le nous raconter lui-même cette tentative hardie : nous suivrons avec intérêt le philosophe américain au milieu des champs qui avoisinent Philadelphie, sous le couvert d'arbres dont il s'est fait un abri, autant contre la curiosité maligne de ses concitoyens, que contre la pluie dont un ciel orageux le menace.

« Il avait d'abord proposé, dit-il en parlant de lui-même (1), de dresser sur une haute tour, ou sur tout autre point élevé, une guérite surmontée d'une barre de fer pointue, isolée au moyen d'un gâteau de résine à la base. Les nuages électriques, en passant au-dessus de cette barre, devaient, pensait-il, lui communiquer une partie de leur électricité, et la chose serait rendue évidente par les étincelles que provoquerait l'approche d'une clef d'une jointure des doigts ou de tout autre conducteur

____

(1) V. La *Vie de Benjamin Franklin*, écrite par lui-même, traduction de M. Allyre Bureau, LXVI.

Philadelphie, à cette époque, n'offrait aucun moyen de réaliser ce plan. Pendant que Franklin attendait l'érection d'une tour, l'idée lui vint qu'il atteindrait bien plus facilement les hautes régions de l'air au moyen d'un simple cerf-volant. Il en fabriqua un au moyen de deux baguettes croisées, auxquelles il attacha un mouchoir de soie, qui devait mieux supporter la pluie que n'aurait fait le papier. Au bâton vertical était fixée une pointe de fer. La corde était de chanvre, comme à l'ordinaire, sauf l'extrémité inférieure, qui était en soie. A l'endroit où la corde de soie se terminait, une clef était attachée. »

« Aussitôt qu'il y eut apparence d'orage, il se rendit, muni de cet appareil, au milieu des champs. Il était accompagné de son fils, seul confident de ses intentions ; car Franklin savait trop bien que, malheureusement pour les intérêts de la science, le ridicule s'attache toujours aux expériences qui ne réussissent pas, surtout en physique. Il se plaça sous un couvert d'arbres, à l'abri de la pluie : — son cerf-volant était enlevé ; — un nuage orageux passa au dessus ; — aucun signe d'électricité ne se montra. »

« Il désespérait presque du succès, lorsque, tout à coup, il observa que les brins effiloqués de la corde se mouvaient en se redressant: Il présenta sa jointure à la clef, et reçut une forte étincelle ! »

« Combien les sensations qu'il éprouva en ce moment durent être exquises et profondes ! De cette expérience dépendait le sort de SA théorie. Si elle réussissait, son nom allait prendre rang parmi ceux qui ont fait marcher la science ; si elle manquait, il allait infailliblement devenir pour les autres un objet de risée, ou plutôt un objet de pitié. On le traiterait d'homme bien intentionné, sans doute. mais de pauvre esprit et d'insensé chercheur d'impossible, L'anxiété avec laquelle il attendait le résultat de son expérience peut facilement se concevoir. Le doute et la désespérance commençaient à prévaloir au moment où le fait se manifesta d'une façon si claire que les plus incrédules eux-mêmes n'auraient pu se refuser à l'évidence. Des étincelles répétées furent tirées de la clef, on en chargea une bouteille, on la déchargea par la secousse ; on fit, en un mot, toute la série des expériences qu'on a l'habitude de faire avec l'électricité. »

XXIII.

Tous les doutes, s'il en restait, étaient dissipés ; la présence de l'électricité dans les nuages orageux était admirablement constatée ; la découverte était complète : on sait la part de gloire qui revint à chacun des deux savants qui y contribuèrent : voyons quelle fut la part du mérite.

Et d'abord, il est hors de doute que la première idée sérieuse de l'explication du tonnerre par le fluide électrique est due au physicien français. Il l'affirme dans une lettre qu'il écrivit à Franklin lui-même sur l'Analogie du Tonnerre avec l'Electricité. Cette lettre est la septième du recueil qu'il publia en 1753, et la dernière de celles qu'il adresse au philosophe américain sur ce sujet (1).

Ce n'est pas une récrimination contre l'opinion, qui ne sait pas toujours assez impartialement distribuer ses faveurs ; ce n'est pas une plainte amère de l'oubli intéressé dans lequel Franklin avait, par calcul peut-être. laissé son nom, à propos d'une découverte qui n'était qu'une conséquence de la sienne. La modestie du Diacre de Pimprez ne lui aurait pas permis une réclamation, purement dans l'intérêt de sa gloire. Non ; il veut prouver au citoyen de Philadelphie qu'il partage complétement ses idées sur la question qui les occupe tous deux depuis longtemps ; et comme on paraît ignorer son sentiment sur une théorie dont il est l'auteur, qu'il a le premier, soumise à l'appréciation des savants, il ne peut s'empêcher de rappeler qu'il

____

(1) V. *Lettres sur l'Électricité*, par l'abbé Nollet, VII lettre, sur l'Analogie du tonnerre avec l'Electricité.

avait deviné l'agent mystérieux « plus d'un an avant Franklin et tous les autres physiciens. » Mais c'est sans prétentions pour sa gloire, à laquelle il n'a jamais pensé ; au contraire, son affirmation si modeste, si calme, si craintive même, tant il hait les contestations que peuvent occasionner des récriminations même légitimes, paraît être l'effet d'une générosité naïve, qui ne rappelle ses titres de gloire que parce qu'il faut les rappeler, pour établir celle d'un ami et d'un propagateur de la science.

Quoi qu'il en soit, cette petite phrase incidente, si courte et si dissimulée qu'elle ait été, éveilla l'attention des savants, et fit placer le nom de l'abbé Nollet à côté, au-dessus, quelquefois, de celui de Franklin. Le physicien américain s'en émut. Cependant, comme il ne pouvait nier le fait avancé par Nollet, il chercha à en diminuer l'importance.

Voyant la renommée favoriser son rival, il se pose habilement en victime, et, — qu'on nous pardonne de le dire, puisque le respect pour la vérité doit passer avant le respect pour l'homme, si grand et si élevé qu'il soit, — Franklin, oubliant peut-être un moment que l'intérêt trop senti de la gloire personnelle aveugle souvent sur le mérite des autres, et peut nous cacher entièrement la vérité dans les questions où notre réputation dépend de leur abaissement, Franklin joue l'homme malheureux, dépouillé du peu de gloire que son humble talent lui a mérité ; et, dans un langage peu bienveillant, mélange de persifflage adroit et d'ironies blessantes, il rompt complétement avec les habitudes de son caractère ordinairement généreux, pour diminuer injustement la gloire d'un rival.

« Ses expériences, dit-il toujours en parlant de lui-« même (1), établirent sur des bases inébranlables LA « THÉORIE DE FRANKLIN. Quand la vérité ne put plus en

______

(1) V. *Vie de Benjamin Franklin*, écrite par lui-même, LXVIII. *La priorité contestée.*

« être contestée, l'envie et la jalousie cherchèrent à le
« dépouiller de sa gloire. N'était-il pas trop mortifiant
« d'admettre qu'un Américain, un habitant de l'obscure
« cité de Philadelphie, dont le nom était à peine connu,
« fût capable de faire des découvertes, de bâtir des théories
« sur des faits qui avaient échappé aux physiciens les plus
« éclairés de l'Europe? Certainement, il avait dû prendre
« l'idée à un autre. Un Américain, un homme des classes
« inférieures, faire des découvertes! — Impossible! —
« On prétendait que l'abbé Nollet, dans ses *Leçons de
« Physique*, avait émis l'idée de la similitude entre l'élec-
« tricité et la foudre. Il EST VRAI QUE L'ABBÉ MET CETTE
« IDÉE EN AVANT, mais il l'énonce comme une simple
« conjecture, et ne propose aucun moyen pour en vérifier
« l'exactitude. Il reconnaît lui-même que Franklin a eu
« le premier la pensée audacieuse de soutirer l'électricité
« des profondeurs du Ciel, au moyen de pointes de fer
« fixées dans les airs.

« La ressemblance entre le tonnerre et l'électricité est
« tellement saisissante, qu'il n'y a rien d'étonnant à ce
« qu'elle ait été remarquée, dès que les phénomènes élec-
« triques furent un peu connus..... Mais l'honneur d'avoir
« formulé une théorie régulière de la foudre, d'avoir pro-
« posé un moyen d'en vérifier l'exactitude par des expé-
« riences, et d'avoir établi ainsi la théorie sur des bases
« solides, inébranlables, cet honneur appartient incontes-
« tablement à Franklin. » — C'est Franklin qui l'affirme,
ne l'oublions pas.

Ainsi, des aveux mêmes de Franklin, il résulte que l'*idée
d'expliquer la foudre par l'électricité a été mise en avant
par Nollet*; il est clair, d'un autre côté, que l'honneur de
l'expérience décisive en faveur de cette hypothèse revient
à Franklin : ces deux faits étant posés, est-il juste de rapporter au physicien du nouveau monde tout l'honneur d'une
découverte qu'il n'a pas faite seule?

« La ressemblance entre le tonnerre et l'électricité est

tellement satisfaisante, dit-il, qu'il n'y a rien d'étonnant à ce qu'elle ait été remarquée, dès que les phénomènes électriques furent un peu connus. » Mais, cette vraisemblance étant indiquée, et les nuages étant présentés par Nollet comme une immense machine chargée d'électricité, qu'y avait-il donc d'étonnant à ce que Franklin pensât à offrir ses pointes au nuage comme il les offrait à la machine électrique? Qu'y avait-il d'étonnant à ce que, ne pouvant se présenter lui-même, il envoyât le cerf-volant interroger le nuage, et reçut ainsi sa réponse par le fil de chanvre qui le retenait captif?

Si une découverte n'est grande qu'autant qu'elle offre du merveilleux dans la conception, il faut que les inventeurs soient bien décidés à renoncer à leur gloire.

Ce n'est pas au hasard seul, pourtant, qu'il faut attribuer nos découvertes; quoiqu'il se montre indifféremment à tout le monde, ce qu'il y a de bien sûr, c'est qu'il ne produit rien, si on n'a pas l'attention de le saisir à propos et l'adresse d'en profiter. Toutes les découvertes sont faciles : proposition naïve que l'histoire du progrès des sciences rend évidente; et, cependant, les découvertes ne sont faites que par des savants exercés, ou des génies.

XXIV.

La brillante expérience de Franklin lui méritait donc justement une gloire immortelle; mais la théorie, à l'appui de laquelle cette expérience était faite, devait mériter à son auteur une gloire non moins durable.

Serait-il difficile de prouver que Franklin lui-même le croyait ainsi? Nous ne le supposons pas. Car, si peu étonnante que lui paraisse la découverte du physicien français, il s'avoue pourtant à lui-même, et il avoue tacitement aux autres, que l'idée ne lui en est pas venue avant que les Leçons de Physique expérimentale lui fussent tombées dans les mains. De plus, s'il ajoute si peu d'importance à l'idée seule, sans preuves qui l'accompagnent, de l'explication du tonnerre par l'électricité, pourquoi, après avoir très-clairement reconnu, sur ce point, la priorité du Diacre de Pimprez, cherche-t-il ensuite à atténuer l'effet de son affirmation, et à s'attribuer la théorie du savant Noyonnais qu'il n'a fait qu'appuyer par ses expériences?

Nous avons indiqué, dans les extraits cités plus haut, les passages où, d'abord, il donne purement et simplement la théorie comme *sienne*, et où ensuite, par un correctif qu'il juge nécessaire à son désintéressement, mais que l'intérêt de sa gloire sait lui faire habilement dissimuler, il ne réclame plus que l'honneur d'en avoir donné le premier une *formule régulière*. — Mais quand Nollet a avancé le fait de la production du tonnerre par l'électricité, que reste-t-il donc à compléter dans la théorie ? et quelles *idées* neuves Franklin est-il venu ajouter à celle de son rival, pour l'explication du terrible météore? — Aucune. Ce qu'il a fait, sans doute, était admirable à faire ; mais ce n'était pas le complément *de l'idée*, c'était uniquement le complément *des preuves* apportées par Nollet.

Car on a remarqué, sans doute, contrairement à l'assertion de l'illustre Américain, que ce n'est pas une simple conjecture que donne le savant abbé, et que s'il plaît à sa prudente modestie de l'appeler de ce nom, il l'accompagne au moins de preuves qui lui donnent un autre caractère. Est-il permis d'affirmer qu'*il ne propose aucun moyen d'en vérifier l'exactitude*, quand il indique la comparaison bien suivie des phénomènes, comme une des principales preuves de ce qu'il avance; quand, entrant dans le détail, il fait remarquer, premièrement, que l'électricité se rencontre dans tous les corps ; que, par conséquent, sa présence au sein des nuages n'est pas impossible ; que si son action est, là, d'une promptitude qui dépasse l'imagination, elle revêt sur la machine électrique le même caractère ; que si la foudre est lumineuse, l'étincelle de la batterie l'est également ; que si elle enflamme avec la plus grande rapidité tous les corps qu'elle frappe, il n'eu est pas autrement dans les cabinets des physiciens ; que si, enfin, la foudre atteint les corps extérieurement et intérieurement, les mêmes effets se produisent dans l'expérience de Leyde ; analogies frappantes qui auraient suffi à un savant moins scrupuleux, moins sévère dans le choix et sur la valeur de ses preuves, pour avancer comme un fait ce que Nollet ne donne encore que comme hypothèse ; pour affirmer ce dont il paraît douter, uniquement afin de permettre qu'on en doute ?

XXV.

Aussi Nollet écrivait-il, quelques années après avoir émis son hypothèse : « En 1749, j'osai dire que le tonnerre et les éclairs qui font partie de ce terrible météore, n'étaient qu'une grande électricité, semblable, par son essence, à celle que nous excitons dans nos laboratoires, en frottant certaines substances : ma conjecture, QUE J'AVAIS RENDUE PLAUSIBLE PAR DES OBSERVATIONS ASSEZ CONCLUANTES, se vérifia trois ans après (1) : des expériences décisives montrèrent l'identité que j'avais annoncée ; et l'on apprit de plus qu'en certain temps il règne, dans une portion considérable de notre atmosphère, une cause qui produit les mêmes effets que nous connaissons depuis trente ou quarante ans sous le nom de phénomènes électriques. » (2)

Résumons les faits : Nollet a le premier mis en avant, sous une forme claire et précise, l'idée d'expliquer le tonnerre par l'électricité ; ce savant modeste l'affirme (3), Franklin lui-même l'avoue (4). Cette idée n'était pas chez le physicien français une *simple conjecture* sans probabi-

---

(1) *Mémoires de l'Académie des Sciences*, 1752, p. 233.
(2) Voy. *Leçons de Physique Expérimentale*, t. VI, p. 234.
(3) VIIe lettre à Franklin, *sur l'Electricité*.
(4) *Biographie de Franklin*, écrite par lui-même.

lités, sans preuves à l'appui ; nous avons montré, par le texte même, qu'elle pouvait être déjà regardée presque comme une vérité certaine, sur les seules raisons qu'apportait Nollet pour l'établir. Franklin la mit hors de doute par une expérience qui rendait superflues toutes les autres preuves ; voilà son mérite, voilà sa gloire — et encore n'en jouit-il pas sans contestation (1).

Toute la question est de savoir si l'idée de l'explication sérieuse n'était rien, et si l'idée de l'expérience qui n'était faite que pour prouver cette explication était tout ; s'il ne faut voir aucun mérite dans la découverte d'une similitude qui se révèle par des analogies ; qui, par conséquent, demande de la part du physicien l'esprit d'observation, l'esprit de déduction, sage, prudent, subtile ; et s'il faut tout accorder à la découverte du cerf-volant comme conducteur électrique du nuage à la terre ; si les physiciens qui s'occupent de l'électricité, peuvent, dans leurs ouvrages ou dans leurs leçons, donner toute la gloire à Franklin, et oublier Nollet, sans courir le risque de paraître ignorer l'histoire de la science qu'ils enseignent.

Nous avons exprimé notre sentiment ; nous avons donné nos preuves : le lecteur jugera.

Les raisons d'autorité ne nous auraient pas manqué pour appuyer la thèse que nous venons de soutenir. Qu'il nous suffise de dire que les Auteurs des deux Éloges que nous avons cités déjà plus d'une fois dans le cours de ce travail, accordent à Nollet tout l'honneur de la découverte ; que M. Grandjean de Fouchy, au sein de l'Académie, le montre « apercevant le premier l'électricité dans ce météore terrible, qui n'aurait pas moins droit d'effrayer les hommes quand ils en connaîtraient la cause ; » qu'un Anglais lui-même, Jos. Priestley, dans son Histoire de

---

(1) Il est certain que Franklin ne réalisa pas *le premier* l'expérience du cerf-volant électrique ; mais il paraît incontestable aussi, malgré quelques contradictions peu justifiées, qu'il en fit connaître les conditions avant tous les autres.

l'Electricité (1), affirme que « Nollet a parlé de la similitude de l'électricité à la foudre avant Franklin, et que
Franklin lisait les ouvrages de Nollet. »

XXVI.

Il nous reste, pour nous mettre à l'abri du reproche de
partialité, à mentionner deux noms, dont l'oubli serait grave
dans la question qui nous occupe. Tous les arguments
que nous avons apportés à l'appui de la priorité de Nollet
dans l'hypothèse si remarquable de l'explication de la
foudre, pourraient valoir contre le savant Américain, et
perdre leur force devant deux adversaires plus redoutables,
le physicien Gray et le docteur Wall.

C'est Franklin lui-même qui jette ces deux noms,
comme un châtiment, aux partisans de Nollet. Il veut leur
prouver que l'hypothèse imaginée pour expliquer le tonnerre, n'a rien de surprenant, et il cite deux hommes qui
ont mentionné la ressemblance du feu électrique au feu des
nuages, « alors même que la science bégayait à peine. »
Ces faits, sans le justifier, pourraient nous condamner :
voyons donc ce qu'il faut penser des assertions qu'il nous
oppose.

Nous avons un double écueil à éviter. Nous nous
sommes écarté du premier en accordant à *l'expérience* de
Franklin l'honneur qui lui revient, sans l'exagérer ; nous
tomberions dans le second en accordant à *l'idée* seule, pré-
sentée sous une forme quelconque, si vague et si incertaine
qu'elle soit, le mérite d'une véritable hypothèse, d'une
explication sérieuse. Si Nollet n'avait que hasardé une
assertion timide, obscure, indécise, nous n'aurions pas,
sans doute, omis de la mentionner à sa louange, mais
nous aurions laissé l'illustre Physicien américain tranquille
possesseur de sa gloire, et il nous aurait paru puéril de

---

(1) Jos. Priestley, *Histoire de l'Electricité*, p. 21, Note.

chercher à la diminuer, à l'amoindrir. C'est cette puérilité dont se rendraient responsables les défenseurs du docteur Wall et de J. Gray.

Dès 1734, — qu'on nous sache gré d'un aveu qui sera pour plusieurs, peut-être, une révélation, — Gray, dans une lettre qu'il adresse à milord Mortimer, datée de la Chartreuse, 28 janvier (1), parle incidemment du *feu* du tonnerre et des éclairs, qui lui paraît être *de même nature* que le *feu* électrique.—Wall n'a rien de plus.—Or, la meilleure preuve que nous puissions donner du peu d'importance de ce texte, est le profond oubli dans lequel le laissèrent les savants qui n'y virent rien que l'affirmation timide d'un fait apparent, et non une explication, même douteuse dans la pensée de son auteur. Cette phrase dort quatorze ou quinze ans dans les colonnes des Transactions Philosophiques, sans avoir même fait soupçonner l'idée d'une hypothèse, d'un système à appliquer à *l'explication* de la foudre; il faut que Nollet dont l'esprit d'observation si pénétrant, si minutieux, n'a rien dû qu'à lui-même, arrive avec une assertion motivée sur des probabilités graves, sur des analogies nombreuses et frappantes pour que les physiciens songent à expliquer le terrible météore, et que Franklin cherche, par les expériences qu'il indique, à rendre cette vérité certaine.

Cette seule observation suffit pour mettre hors de cause deux physiciens qui ont, d'ailleurs, rendu quelques services à la science, mais qui, dans ce cas particulier, n'ont nullement servi à son avancement. Il faut mentionner leurs noms, parce que leurs affirmations, si timides qu'elles soient, peuvent laisser supposer chez eux une idée qu'ils n'ont pas osé formellement soutenir ; mais, en leur rendant cette justice, il ne faut pas refuser au physicien de Pimprez celle qui lui a valu les honneurs d'une priorité

---

(1) Cette lettre se trouve dans les *Transactions Philosophiques* n° 436, p. 24.

incontestable aux yeux de la plupart des savants de son époque.

XXVII.

Outre cette glorieuse invention de la similitude du tonnerre à l'électricité, Nollet, se montrant le digne héritier de l'esprit investigateur de Dufay, contribua à éclaircir une foule de questions que soulevaient à chaque instant des phénomènes électriques récemment observés. Ce nouvel horizon de la science, qui naquit presque avec lui, s'étendit rapidement par ses travaux et ses recherches ; il travaillait ardemment, sous les yeux, d'abord, de l'illustre physicien qui avait bien voulu se l'attacher, et, plus tard, malgré la préparation assidue que lui demandaient ses cours, il tenait à contrôler toutes les expériences en les répétant, à appuyer ou à détruire par de nouvelles observations les théories établies, à faire progresser enfin cette partie de la science couverte encore de tant de ténèbres.

Ainsi, s'il apprend qu'une expérience hardie a été tentée par Muschembroëk dans une ville de Hollande, il n'y a point de repos pour lui qu'il ne l'ait répétée et n'ait vérifié de ses propres yeux les faits étranges qu'a révélés cette tentative. Il essaie à son tour, il réussit, et il nomme le premier *l'Expérience de Leyde*.

Comme il a travaillé avec Dufay à la graduation d'un instrument destiné à mesurer la chaleur, il songe à en créer un qui permette d'apprécier les quantités plus ou moins grandes d'électricité amassées sur le conducteur ; il construit *l'Electromètre* sur ce principe, que les deux extrémités d'un même fil chargé d'électricité, s'écartent l'une de l'autre proportionnellement à la quantité qu'elles en reçoivent.

Volta imagine un autre instrument, *l'Electrophore*. Mais, de l'aveu des savants et des historiens de l'électricité eux-mêmes (1), la construction de cet appareil est fondée sur

____

(1) V. *Brisson*, 3° édit., p. 414.

une expérience qu'a faite le premier l'abbé Nollet. L'idée lui vint de prendre un bâton de cire d'Espagne de forme cônique ; il le moula dans un verre à boire un peu chauffé et légèrement enduit d'un liquide gras à l'intérieur : quand ce corps fut refroidi et détaché de son moule, il l'électrisa en le frottant avec la main ; il le couvrit enfin avec le verre dans lequel il l'avait moulé. Huit ou neuf mois après, il constata que ce bâton de cire, auquel il n'avait pas touché pendant tout ce temps, conservait encore des signes évidents d'Electricité.

Dès lors, l'instrument *conservateur du fluide électrique* n'était-il pas découvert? Nollet n'était-il pas le véritable inventeur de l'électrophore?

XXVIII.

Enfin, il fallait, après avoir constaté les phénomènes électriques les plus surprenants, chercher à pénétrer l'agent caché de tant de merveilles ; il fallait adopter ou découvrir un système. Dufay avait exposé une théorie incomplète que l'on retrouve dans les *Mémoires de l'Académie des Sciences* (1). Nollet en comprend l'insuffisance ; il en propose une seconde que devaient suivre bientôt celles de Jallabert, de Franklin et d'OEpinus, etc. Les hypothèses de Dufay, de Franklin et de Nollet sont à peu près les seules auxquelles les savants s'arrêtent ; toutes les autres sont oubliées.

Nous n'entrerons pas dans de longs détails sur la théorie des *Affluences et des Effluences simultanées.* Comme toutes les théories imaginées jusqu'ici, elle explique la plupart des phénomènes sans pouvoir donner raison de tous. Elle est ce que sont les théories dans les sciences naturelles, le *parce que* d'un *pourquoi* qui recule à mesure qu'elles avancent.

---

(1) *Mémoires de l'Académie des Sciences,* année 1733, p. 458 et suiv.; et année 1734, p. 523 et suivantes.

Toute la théorie de l'abbé Nollet est fondée sur les trois principes suivants qu'il a déduits de l'expérience.

I. Un corps électrisé par frottement ou par communication, lance de toutes parts des rayons de matière électrique, qui s'étendent dans l'air ou dans les autres corps qui l'avoisinent.

II. Tant que durent ces émanations, une pareille matière vient de toutes parts au corps électrisé, en forme de rayons convergents.

III. Ces deux courants de matière électrique qui vont en sens contraire, se forment en même temps, et l'un est ordinairement plus intense que l'autre.

Tout le monde sait que si l'on présente un tube de verre ou un bâton de cire d'Espagne, qu'on a électrisés par le frottement, à de petites paillettes de métal, ou bien à de la poussière de bois, on voit ces corpuscules légers se porter d'abord avec vivacité sur le corps électrisé, et en être repoussés ensuite avec une sorte de violence. Nollet, pour rendre raison de ce surprenant phénomène, admet deux courants de matière électrique, qui vont en sens contraire : l'un tend vers le corps électrisé et s'insinue dans ses pores, tandis que l'autre s'élance avec impétuosité du sein de ce même corps. Le premier courant, qu'il désigne sous le nom de matière *affluente*, entraîne avec lui les substances légères qu'il rencontre, et les amène au corps électrisé ; de là naissent les attractions. Le second courant, qui se nomme matière *effluente*, repousse ces mêmes substances, en sortant du corps électrisé, et occasionne par là les répulsions. Ces deux courants de matière, en se rencontrant, produisent, par le choc mutuel de leurs rayons, les étincelles électriques.

Cette théorie est directement opposée à celle des *deux électricités*, qui n'avaient été imaginées avant lui que pour rendre compte des attractions et des répulsions électriques. Nous n'insisterons pas sur sa valeur. Il faut savoir accepter, sans trop de discussion, les théories admises : trop de raisons contradictoires pourraient être apportées. — Et cependant, bien des arguments militent en faveur de l'hypothèse de l'abbé Nollet.

XXIX.

Le célèbre physicien établit sa doctrine sur l'électricité dans trois ouvrages qui servirent de base à tous ceux dont, plus tard, les savants dotèrent la science. Le premier est l'*Essai sur l'Electricité des corps* (1) qu'il publia en 1746. Il y expose son système, en même temps qu'il y résume clairement les principaux phénomènes électriques observés jusqu'à lui, et devenus l'objet de l'attention des savants.

Sa théorie lui suscita des critiques dont la principale qualité ne fut pas toujours la modération. Outre Franklin, qu'il faut regarder comme son rival habituel, il dut subir les jugements, plus sévères que raisonnables, de quatre physiciens dont les trois premiers étaient Français, et le quatrième professeur de philosophie à Naples (2). Ces critiques prouvent assez l'importance qu'on attachait aux ouvrages de l'illustre Diacre; à peine connus en France, ils étaient traduits dans les langues de toutes les nations savantes de l'Europe.

Nollet ne fut pas effrayé d'une opposition à laquelle il devait s'attendre. Il ne redoutait pas la lutte parce qu'il y était préparé, et il témoigne assez de la foi qu'il a, malgré les critiques, dans la valeur de son système, au commencement de son second ouvrage qu'il publia, peu de temps après le premier, sous le titre de : *Recherches sur les causes particulières des phénomènes électriques* (3).

---

(1) Un vol in-12, 1746.
(2) Ce dernier était M. Bammacare dont Nollet réfuta si victorieusement le *Tentamen de vi electricâ*.
(3) Un vol. in-12.

XXX.

« Un auteur raisonnable, dit-il, qui n'est point trop
prévenu en sa faveur, a bien de la peine à savoir s'il a le
bonheur d'obtenir les suffrages du public. Tout ce qui
semble l'en flatter devient équivoque, quand l'amour-propre ne se hâte point de l'interpréter avantageusement. —
Ce qui peut, selon moi, calmer davantage ses inquiétudes,
et lui inspirer quelque confiance, c'est la critique qu'on
lui oppose, s'il sent qu'elle porte à faux, ou qu'elle puisse
être combattue par de bonnes raisons ; car, si son ouvrage
n'est pas de ceux dont on ne prend pas la peine de parler,
il peut raisonnablement compter qu'on lui passe tout ce
qui n'est pas critiqué, et que rien ne sera contesté s'il
vient à bout de résoudre les objections qu'on lui a
faites (1). »

Les réponses qu'il adresse à chacun de ses adversaires,
sont vives ; elles témoignent, nous ne dirons pas de l'humeur,
mais plutôt de la pitié de l'auteur pour de prétendus savants, qui se posent en juges dans les questions les plus
difficiles, et tombent à chaque pas dans les contradictions
les plus compromettantes. Cette vivacité de réplique, cette
critique sans pitié des critiques de ses malheureux adversaires, se remarque surtout dans ses *Lettres sur l'Electricité* (2).

XXXI.

Le premier volume contient neuf lettres. La première
renferme l'histoire des découvertes qui se sont faites sur
l'Electricité dans le cours de l'année précédente. La seconde est adressée à Franklin, ainsi que les cinq suivantes,

---

(1) *Recherches*..... Préface.
(2) 2 vol. in-1., 1753 et 1760.

auxquelles elle sert d'introduction. La troisième traite de
la nature de la matière électrique. Dans la quatrième, il
s'attache à prouver que le vérre n'est point imperméable
à l'électricité. La cinquième contient l'explication de certains faits concernant l'expérience de Leyde. La sixième
traite du pouvoir des pointes. Dans la septième, il examine,
ainsi que nous l'avons vu, l'analogie du tonnerre à l'électricité. La huitième lettre est adressée à M. Jallabert, professeur de physique à Genève. Dans la neuvième, adressée
à M. Boze, professeur à Wittemberg, il expose les raisons
qui ont pu retarder les découvertes dont il était question
dans les lettres précédentes. Ces lettres sont accompagnées
d'un journal de différentes expériences faites en présence
des commissaires de l'Académie, et sur lesquelles Nollet
s'appuie pour détruire ou confirmer celles de Franklin.

Le second volume parut sept ans plus tard. Nollet
expose lui-même, dans la Préface, les raisons qui l'ont
déterminé à publier ce nouveau Recueil :

« En m'occupant, dit-il, des difficultés que les Fran-
klinistes opposaient à mes théories, j'ai fait quelques nouvelles découvertes qui pourront faire plaisir aux personnes
qui ont pris du goût pour les Expériences électriques ; de
plus, j'ai recueilli celles d'autrui qui sont venues à ma
connaissance, et que j'ai soupçonnées de n'être pas assez
connues : j'ai remonté à quelques inventions heureuses,
et j'en ai fait connaître les premiers et véritables auteurs ;
j'ai pris, de plus, la liberté d'apprécier, suivant mes
lumières, celles qui m'ont paru trop négligées ou vantées
au delà de leur mérite. Mais ce que j'ai fait avec le plus
de soin, c'est de réfléchir sur les différents points de nos
contestations, de peser les raisons de mes adversaires,
d'ajouter de nouveaux éclaircissements à celles de mes
opinions qui m'ont paru en avoir besoin, de rapprocher
davantage et de rassembler en plus grand nombre les
preuves sur lesquelles je les avais appuyées précédemment,
et de m'expliquer avec plus de précision partout où j'ai

cru m'apercevoir que mes pensées avaient été mal prises. »

« C'est ainsi, dit le *Journal des Savants* (1), que l'abbé Nollet annonce lui-même le sujet et le plan de ses lettres. Il n'est pas possible d'employer d'autres expressions qui donnent une idée aussi juste et aussi exacte du travail de cet excellent physicien. Comme les faits sont la base et le fondement de son système, il déclare qu'il n'en rapporte aucun, qu'il ne l'ait vu plusieurs fois et considéré sous toutes les faces ; qu'il n'en a fait aucun usage dans ses lettres qu'après les avoir vérifiés en présence de témoins très au courant de la matière, et qui n'avaient aucun système à faire valoir. Le certificat du secrétaire de l'Académie, imprimé à la suite de l'ouvrage, prouve qu'il a pris toutes les mesures nécessaires pour constater la réalité de leurs résultats. »

Quant aux expressions, Nollet avertit lui-même qu'il n'a eu l'intention d'y mettre que de la franchise. « Si quelqu'un de ceux qu'elles intéressent, dit-il, les trouvait quelquefois trop fortes ou désobligeantes ; comme je n'écris qu'en me défendant, je le prie de bien examiner les siennes, pour voir s'il ne m'aurait pas donné le ton sur lequel il désapprouverait que j'eusse répondu. »

XXXII.

Les premières lettres de ce second recueil sont destinées à faire mieux comprendre et à établir sur de nouveaux raisonnements la théorie des *Affluences et Effluences simultanées*. La sixième est à l'adresse du P. Beccaria, professeur de Physique expérimentale à l'Université de Turin. Jamais Nollet ne s'est senti plus à l'aise qu'en face du Physicien Piémontais ; il le raille, il pousse sans pitié jusqu'au pied de ses montagnes cet adversaire imprudent

---

(1) V. *Journal des Savants*, février 1761, p. 206.

qui s'est mal aventuré sur le terrain glissant de la polémique ; il le siffle cruellement, en lui montrant à chaque pas des inepties ou des contradictions ; il se sert de ses arguments pour le combattre, et il réussit à merveille ; il lui fait enfin toucher du doigt sa témérité, et avouer son imprudence.

La dernière de ces lettres roule sur des matières fort intéressantes. « Elle traite d'abord des cerfs-volants électriques, et nous apprend que M. de Romas, assesseur au présidial de Nérac, à qui elle s'adresse, est le premier auteur de cette ingénieuse nouveauté ; que, par conséquent, la priorité d'invention n'appartient pas à **M.** Franklin , quoiqu'on la lui ait attribuée (1). »

Après avoir fait la description de cette nouvelle machine électrique, et en avoir détaillé avec complaisance tous les avantages, Nollet termine en donnant à l'auteur quelques avis sur les moyens de le conduire à une plus grande perfection, et de se mettre à l'abri des accidents terribles auxquels l'électricité, communiquée par la corde du cerf-volant électrique, pourrait exposer l'expérimentateur. On sait de quelle utilité furent à l'Assesseur ces avis d'un homme à l'autorité duquel il s'en rapportait pleinement : un jour, il fut renversé par une décharge ; sans les sages conseils de l'abbé Nollet, il aurait trouvé, peut-être, dans ses essais hardis, le sort du célèbre Richmann qui fut frappé de mort, au milieu d'une expérience, par une lame de feu qui l'atteignit au front.

Nous ne finirons pas sans observer que le style du célèbre académicien, si vif et si pressant qu'il soit d'ordinaire, par le besoin de répondre énergiquement à des adversaires qui paraissent le contredire, par système , n'accuse cependant de sa part aucune mauvaise humeur envers ceux qu'il combat, ou contre lesquels il se défend. Le caractère du savant abbé, doux, calme, pacifique ,

---

(1) *Journal historique sur les matières du temps.* Déc. 1760, p. 416.

l'empêche de donner jamais dans ces écarts scandaleux qu'il est si fort en droit de reprocher à plusieurs de ses adversaires. Il a d'ailleurs de trop bonnes raisons à alléguer pour se servir de ces expressions injurieuses, ordinaires aux personnes qui soutiennent une mauvaise cause. Au reste, il possède le talent de jeter, quand il veut, un ridicule agréable et piquant sur les sophismes de ses adversaires. La lettre destinée à servir de réponse au P. Beccaria, entre autres, est un modèle de bonne plaisanterie. Nollet y a répandu dans plusieurs endroits un peu du *ridiculum acri* d'Horace, mais toujours avec beaucoup de délicatesse et de réserve.

XXXIII.

Dans la première moitié du dix-huitième siècle, les études sur l'Electricité étaient devenues si communes, qu'à peine les savants pensaient-ils à cultiver et à faire progresser les autres parties des sciences. On vit paraître alors une foule d'ouvrages, tous sérieux, tous intéressants, sur les questions nouvelles soulevées chaque jour par la découverte de nouveaux phénomènes. Il s'en faut de beaucoup, cependant qu'on puisse nommer, à cette époque, un grand nombre d'électrisants sérieux. Quelques savants, comme toujours, marchaient à la tête; les autres, ou répétaient leurs expériences et s'attachaient à leur théorie sous l'influence du préjugé, plutôt que par une détermination consciencieuse et raisonnée; ou bien, ils contredisaient sans raisons, ils affirmaient sans preuves; Nollet trouva des contradicteurs de cette sorte; mais il eut aussi ses admirateurs, nous pouvons ajouter des imitateurs et de serviles copistes. Pour n'en citer qu'un exemple, nous rapporterons une citation des *Mémoires pour l'Histoire des Sciences*, qui justifiera suffisamment ce que nous annonçons.

« Quelques auteurs, disent ces Mémoires, ont transcrit fidèlement (on peut leur en savoir gré), en latin ou en italien, ce qui s'est dit en français. Nous pourrions en citer plusieurs exemples; celui de la Thèse de Prague, dont nous parlions au mois de mars dernier, est un des plus frappants. On y rendait, en style scholastique, ce que M. l'abbé Nollet nous avait donné en Académicien; et l'on n'indiquait point cette source, et l'on altérait, par imprudence ou par impéritie, ces richesses empruntées : voilà comme on fait dans l'ancien monde (1). »

La conduite si opposée de ces deux classes de savants à l'égard de l'abbé Nollet, était peut-être l'hommage le moins équivoque et le plus complet qui pût lui être rendu par ses contemporains.

XXXIV.

La suite des travaux du savant Académicien, sur l'Electricité, nous a empêché de le suivre dans les diverses positions qu'il dut et à son talent et à la faveur dont il jouissait auprès de l'Académie et du Roi.

Rendu à sa patrie, après son séjour à l'Université de Turin, il se fit connaître par des recherches également importantes et délicates. L'imagination rapide de Descartes avait établi sa théorie sur des faits qu'il ne s'était pas donné la peine de vérifier. La pesanteur, rebelle à tous les systèmes, avait paru soumise au sien. Mais l'expérience, qu'il avait indiquée pour l'expliquer, trompa l'espérance de ses sectateurs.

L'illustre philosophe, voulant expliquer la pesanteur par la force centrifuge de la *matière subtile*, avait avancé qu'en renfermant dans un globe de verre un fluide avec des corps spécifiquement moins pesants, ces petits corps

____

(1) *Mémoires pour l'Histoire des Sciences et des Beaux-Arts.* Juin 1752, p. 1209.

seraient portés au centre du globe, dès qu'on le ferait tourner rapidement sur son axe. Son assertion fut contredite d'abord par Hughens. Ce savant établit par le seul raisonnement que les petits corps seraient rappelés, non au centre, mais le long de l'axe de la sphère en mouvement. Bulfinger fit bientôt, quoique imparfaitement, une expérience qui répondit au calcul de Hughens; mais il pensa que si on pouvait imprimer au globe deux mouvements de rotation qui se croisassent à angle droit, les petits corps seraient portés au centre; il imagina même un instrument destiné à vérifier cette opinion. Mais la mort l'arrêta, et cette question était complétement abandonnée, lorsqu'en 1741, l'abbé de Molières prétendit alléguer l'assertion de Descartes comme une preuve de l'existence des tourbillons de ce philosophe. L'assertion fut niée par Nollet, qui se chargea d'en prouver la fausseté par l'expérience. L'intérêt des savants était excité au plus haut point. Presque tous avaient pris part aux discussions assez vives qu'avait occasionnées cette question. Ils étaient divisés en deux camps, dont l'un était favorable et l'autre opposé à Descartes; Nollet fit triompher le dernier par ses expériences.

« Cet Académicien, disent les *Mémoires pour l'Histoire des Sciences* (1), dont le suffrage est redoutable aux savants à préjugés et à hypothèses, parce qu'il ne le donne que la balance expérimentale à la main, ratifia celui de l'Académie, et déconcerta tous les principes, les points de vue des expériences, et les indications de l'abbé de Molières. Il sut même assujettir une bulle d'air et des pailles légères à la double rotation croisée, dont il trouva le succès fort différent de celui qu'en attendait Bulfinger. » Il varia de mille façons ses expériences, et il fit voir avec la plus grande évidence qu'on ne pouvait croire, sans nier les faits les plus clairs, à l'explication cartésienne de la pesanteur.

---

(1) *Mémoires pour l'Histoire des Sciences*. Mars 1745, p. 438.

L'Ouïe des Poissons, la formation de la glace dans les rivières, la propriété qu'a l'eau de transmettre les sons, l'ébullition des liquides, etc., firent successivement l'objet de ses recherches. On croyait généralement que la cause de ce dernier phénomène était l'air, qui, dilaté, soulevait le liquide, et produisait le frémissement que l'on remarque à une température élevée. Il prouve d'abord que l'expérience de l'Eolypile n'est pas si favorable à cette opinion qu'on le croyait ordinairement, et qu'on ne peut en expliquer les divers phénomènes, non plus que bien d'autres qui s'observent dans l'ébullition des liquides, sans admettre une cause toute différente de la raréfaction de l'air. Puis il expose la véritable en s'appuyant sur des arguments et des expériences qui la font dès lors accepter des savants.

Nous serions trop long, si nous voulions seulement mentionner tous les travaux intéressants par lesquels Nollet se rendait utile à la science, et rendait la science véritablement utile aux savants et aux masses. On peut voir, dans les Mémoires de l'Académie, la série de ces travaux qu'il communiquait au fur et à mesure qu'il les complétait, et qui ne forment pas la partie la moins intéressante de ce Recueil officiel de la science.

XXXV.

Après tant de preuves du talent extraordinaire, de l'aptitude merveilleuse qui distinguait Nollet, on sera peu surpris de le voir appelé aux plus hautes faveurs qui puissent, selon l'opinion commune, au moins, venir récompenser le savant. En 1744, il était si parfaitement apprécié, l'étendue de ses connaissances et l'intérêt de son enseignement étaient tellement connus du monarque et des précepteurs du Dauphin, qu'il fut appelé à la Cour pour y donner ses leçons de Physique expérimentale au jeune prince. Nollet fut admiré sur ce nouveau théâtre comme il l'avait été au Collége de Navarre, et l'estime pour sa manière d'enseigner fut si générale et si complète, que Louis XV, éclairé par le conseil des savants qui assistaient à ces cours, voulut confier à l'abbé Nollet le soin d'intéresser, l'année suivante, la Dauphine, infante d'Espagne, par ses leçons si pleines d'utilité et d'agrément.

On aurait pu redouter pour Nollet la fréquentation d'une Cour où son humilité, sa modestie, son indépendance toute chrétienne devaient se heurter de front avec la grandeur, le faste et l'orgueil qui en est inséparable. Sa prudence et sa vertu le maintinrent. « Le Philosophe, dit un de ses biographes, fut obligé de paraître à la Cour de son souverain : il ne s'y fit que des amis. »

XXXVI.

Une mission importante au point de vue de la science allait être confiée vers cette époque à l'illustre Diacre.

Les suffrages des savants et le choix du monarque le députèrent en Italie pour éclaircir une foule de questions intéressantes, contrôler les faits merveilleux annoncés par les savants de cette nation, jeter enfin sur certaines parties de la science pratique une lumière vivement désirée et vainement demandée jusque-là. Le but le plus important de son voyage était la question des guérisons extraordinaires, obtenues, au rapport de quelques médecins, par l'Electricité.

Dès les premiers temps, alors qu'on n'employait encore que le tube de verre pour les expériences électriques, quelques physiciens s'étaient préoccupés des effets que pouvait produire sur le corps humain le fluide électrique actuellement en action. Les résultats ne purent rien apprendre parce que le frottement du tube n'était pas de nature à produire des effets assez sensibles. Mais à peine eut-on substitué le globe de verre au tube, que les merveilles de l'électricité se développèrent plus sensiblement

dans une longue suite d'expériences, et on pensa sérieuse-
ment à tenter quelque chose pour rendre l'Électricité utile
à la médecine.

« On s'est donc déterminé à appliquer le globe élec-
« trique à la médecine, on a tenté de guérir les paralytiques ;
« M. l'abbé Nollet, avec M. de Lassône, de l'Académie
« des sciences, ont, les premiers, tenté ces expériences.
« On fit d'abord subir la commotion de Leyde plusieurs
« fois, et plusieurs jours de suite, à différentes personnes
« de l'un et de l'autre sexe. Dans quelques unes, la commo-
« tion ne parut se faire que peu à peu, et par gradation,
« dans les parties paralysées ; d'autres la sentirent dès les
« premières expériences : presque tous sentirent des dou-
« leurs sourdes, et une espèce de fourmillement dans les
« organes paralysés , plusieurs jours après que les expé-
« riences avaient été faites. Mais aucun ne fut guéri à
« Paris (1). »

<h2 style="text-align:center">XXXVII.</h2>

Cependant , un célèbre chirurgien de Rouen, Le Cat
avait réussi dans des expériences du même genre. Jallabert, habile professeur de Physique à Genève , commu-
niqua, sur le même sujet, à l'Académie, un fait des plus
intéressants. Il avait rendu la vie à un bras paralytique
atrophié depuis plus de dix ans. Instruit des essais que
Nollet avait faits à Paris, en communiquant aux malades
la commotion de Leyde, il voulut compléter l'expérience.
Il électrisa fortement son paralytique, et de toutes les
parties de la peau qui répondent aux différents muscles
moteurs de l'avant-bras et du bras, il tira successivement
un grand nombre d'étincelles. Dès les premiers jours, le
malade commença à remuer les doigts. Les expériences
ayant été continuées, la liberté des mouvements devint de

---

(1) *Encyclopédie de Diderot.* Art. *Électricité médicinale.*

plus en plus sensible, jusqu'à ce qu'enfin le malade électrisé pût porter la main au chapeau, l'ôter de dessus la
tête, l'y remettre, et soulever même des corps assez
pesants.

« Le fait publié par Jallabert, continue l'auteur de l'article cité, que nous ne faisons que résumer ici, paraissait
trop authentique pour ne pas attirer l'attention ; il était,
ce semble, confirmé par des expériences faites à Mont-
pellier, qui annonçaient le même succès. Mais, comme
depuis longtemps on avait pris le sage parti de ne pas tirer
d'inductions trop précipitées, et de ne point annoncer de
découvertes, qu'elles n'aient été constatées par un grand
nombre de faits, l'Académie des Sciences chargea l'abbé
Nollet de répéter la nouvelle expérience, en suivant la
méthode du professeur de Genève. Le comte d'Argenson,
alors ministre de la guerre, mit à la disposition de l'habile
expérimentateur l'Hôtel et le personnel des Invalides pour
ses expériences. Il multiplia les tentatives sur un grand
nombre de soldats paralytiques en présence des médecins
et des chirurgiens ; mais les résultats ne vinrent nullement
confirmer les espérances qu'avait fait concevoir le pré-
tendu succès de Jallabert. Pas de guérison ; pas même
le plus petit effet qui la fît entrevoir. On observa seulement
des mouvements spontanés et convulsifs dans les différents muscles d'où on tirait les étincelles.

XXXVIII.

« Les habiles gens, disent les *Mémoires de Trévoux* (1),
tels que M. l'abbé Nollet, ne sont pourtant pas aisément
incrédules sur les ressources de la nature. Comme on
mandait d'Italie de très-belles choses concernant les bons
effets de l'électricité médicale, ce célèbre Académicien
conçut le dessein de juger par lui-même de ces prodiges,

____

(1) V. *Mémoires de Trévoux.* Avril, 1751. Art. 43.

dont il paraissait qu'on avait eu jusqu'alors le privilége exclusif au delà des Alpes. D'autres raisons *littéraires* concoururent à faire exécuter ce projet.... » La vraie raison pour Nollet, fut, avec le désir qu'il avait de juger par lui-même de la vérité des faits, la mission qu'il reçut de la Cour de France pour la vérification de ces intéressants témoignages.

Les faits merveilleux — ils mériteraient une autre qualification, peut-être — avancés par les savants italiens, se réduisaient à trois principaux. On avait constaté la transmission des odeurs à travers un tube hermétiquement fermé ; on avait vu des personnes purgées d'une manière très-satisfaisante, rien qu'en tenant à la main des purgatifs violents, scammonée, gomme-gutte, aloès, pendant qu'on les électrisait ; enfin des rhumatismes goutteux , sciatiques, et une foule d'autres maladies avaient été guéris par l'électrisation, soit avec un simple cylindre de verre, soit avec un tube rempli de drogues appropriées à la maladie.

Nollet arrive sur le théâtre de ces merveilleuses expériences. Il manifeste son désir de les voir se réaliser devant lui. On lui promet satisfaction. Mais, chose étrange ! les maladies si dociles sont devenues rebelles à tous les efforts des électrisants, les rhumatismes sont inflexibles, les purgations ne répondent plus aux vues économiques du médecin ou du physicien, il ne suffit plus de tenir à la main ces précieux talismans pour sentir les effets du séné ou de la rhubarbe ; le prestige a disparu.

> .... *Si forte virum quem*
> *Conspexere, silent.....*

A Turin, c'est le célèbre Bianchi qui éprouve la honte de voir infructueux tous les essais qu'il tente ; à Venise, c'est Pivati, le plus célèbre prôneur des guérisons électriques. Il a beau faire pour réaliser devant l'habile physicien français quelques-uns des résultats qu'il a annoncés avec tant d'assurance dans son *Electricitas medica*, tout son atelier demeure sans action en présence du voyageur

Noyonnais; on n'ose plus même bientôt tenter les opérations; l'Evêque de Sebraïco a été guéri d'une maladie grave, mais l'électricité n'y est plus pour rien; Nollet interroge les Vénitiens sur les merveilles électriques obtenues par Pivati, on ne sait plus, on n'a plus vu, on n'a plus conservé le souvenir des expériences les plus étonnantes; un seul médecin de ses amis affirme avoir vu quelque chose de réel. En sorte qu'il est facile au Diacre Physicien de conclure que les guérisons de Pivati ont fait plus de bruit en France qu'à Venise.

Cependant restait Bologne, où l'abbé Nollet voulut poursuivre ces fantômes de guérisons. Verati conversa de bonne foi avec l'Académicien français, et, « dans ces conférences, disent les *Mémoires de Trévoux* (1), le ton affirmatif des livres imprimés sur ce sujet baissa beaucoup. Il ne resta plus que des doutes et des espérances. »

Nous devons à la vérité d'ajouter que, tout en faisant disparaître les assertions au moins prématurées des savants italiens, tout en ébranlant leurs convictions, Nollet sentit les siennes se former peu à peu, au point qu'il aurait reproduit par lui-même les affirmations qu'il était venu détruire chez les autres. Il paraît que les témoignages apportés par Verati firent, au défaut de ses expériences, une impression profonde sur notre Académicien, puisque, après son séjour auprès de ce savant, ces mêmes guérisons, qui l'ont trouvé jusqu'ici si incrédule, ne lui font plus, dit-il, aucune peine à croire.

Outre les nombreuses expériences qu'il fit, dans ce voyage, sur l'électricité médicale, pour confirmer ou détruire les faits avancés par quelques personnes influentes, il chercha, par son commerce avec les savants italiens, à éclaircir quelques théories demeurées obscures dans la science; il s'appliqua surtout à l'étude des questions les plus intéressantes d'histoire naturelle et de physique

---

(1) *Mémoires de Trévoux*, avril 1751, art. 43.

locale, sur lesquelles son attention fut appelée. Ainsi, il satisfait par ses explications la curiosité inquiète d'un savant religieux de Turin , en lui indiquant comment a pu s'introduire dans un verre creux, fermé de toutes parts, une liqueur claire et limpide assez semblable à l'eau ; il produit des observations intéressantes sur une espèce de chaux qu'on trouve en Piémont et ailleurs, et qu'on désigne sous le nom de *chaux forte* ; il examine en passant la fameuse tour de Pise, et contre l'opinion qui prétend qu'elle a été construite à dessein avec l'inclinaison qui la rend célèbre, il soutient que l'état où on la voit n'est que le résultat d'un accident facile à expliquer par le voisinage de l'Arno. Pendant le peu de temps qu'il passe à Rome, il visite les caves trop fameuses de *Monte Testaccio*, et il contribue à faire tomber leur réputation.

Tous ces faits sont consignés dans un premier mémoire qu'il adressa à l'Académie des Sciences sur le résultat de ses recherches. Plus tard, il fit connaître la suite de ses observations dans un second travail qui justifia pleinement l'attente de l'Académie et du Roi. Les moindres détails attiraient son attention. Dans une basse-cour de quelque hôtel italien, il remarque des oies, qui, outre les ailes ordinaires, paraissent en avoir deux petites partant de l'extrémité du dos et toujours ouvertes : cette singularité le frappe ; mais il s'aperçoit bientôt qu'il est dupe de l'apparence, et il avoue ingénûment son erreur pour prévenir celle où pourraient tomber les savants, qui, comme lui, cherchent à se rendre compte de tous les faits qu'ils trouvent plus surprenants dans la nature. L'Italie a, comme la France, des vers luisants qui rampent le long des chemins, au pied des buissons ; mais on y voit, de plus, durant les chaleurs de l'été, des insectes lumineux par intervalles, qui, volant de toutes parts, font étinceler l'air de mille feux ; Nollet explique cette singularité. — L'eau des lagunes, à Venise, paraît quelquefois lumineuse dans l'obscurité ; le savant observateur trouve la cause de ce phénomène dans la présence d'un insecte d'une consistance très-molle, d'un blanc jaunâtre, dont il donne une description détaillée qui ressemble assez à celle d'un scolopendre.

Sur le chemin de Rome à Tivoli, Nollet a examiné les eaux sulfureuses qui coulent dans un ruisseau large et profond, et il explique d'une manière satisfaisante les effets jusque-là pleins de mystère pour les savants eux-mêmes, de cette *Aqua-Zolfa.*

XXXIX.

Les environs de Naples sont, de toute l'Italie, l'endroit le plus fertile en phénomènes intéressants ; la fameuse grotte du chien fut un de ceux qui attira le plus son attention. Il en donne, dans son mémoire, une description qui n'est pas nouvelle ; mais il établit, par les expériences les plus positives, ce fait inconnu jusqu'a lui, que *la vapeur renfermée dans cette grotte ne contient rien en elle de vénéneux ni de corrosif, et qu'elle n'étouffe les animaux que parce qu'elle est un fluide très-différent de l'air, le seul propre à la respiration* (1). Il devance, par cette affirmation hardie, la science moderne qui ne reconnaît dans l'acide carbonique aucun principe délétère, aucun des caractères qui constituent le poison proprement dit. Les preuves, du reste, sont à l'abri de toute attaque : il n'a pas craint de se plonger lui-même dans cette *vapeur*, et il n'a senti aucune impression douloureuse, ni sur les yeux, ni sur la langue, ni sur les organes respiratoires ; il n'a éprouvé qu'une sensation suffocante, comme s'il fût entré dans une étuve.

XL.

Nollet n'oublia pas le phénomène le plus brillant et le plus terrible qu'il eût à observer dans ces climats. Il alla visiter le Vésuve ; il vit avec admiration cette ouverture

______

(1) *Journal des Savants*, mars 1755, p. 392.

d'environ 600 mètres, qui permet à l'œil de plonger à une profondeur seulement trois fois moindre ; il jouit du merveilleux spectacle d'une éruption qui semblait avoir été ménagée par la Providence à l'admiration du savant. Le volcan, qui avait été longtemps calme, s'alluma tout à coup, et son activité s'accrut de jour en jour « au point, dit-il, de faire craindre quelque nouvelle catastrophe. Il s'élevait à chaque minute des jets de vapeur et de flamme d'environ trois pieds de diamètre, qui poussaient, avec un bruit affreux, de grosses masses de matière fondue dans toutes les directions. »

Il étudia cette lave, il l'analysa avec soin, et il reconnut la présence de quelques parcelles ferrugineuses « au milieu d'une espèce de vitrification opaque. » Il émit son opinion sur les causes de destruction des malheureuses villes retrouvées sous la lave au pied du Vésuve ; il chercha enfin à expliquer le spectacle étonnant dont l'état de la science, alors, ne lui permettait pas d'assigner l'origine.

Enfin, le savant Diacre termina par une étude minutieuse de la solfatare de Pouzzol ; il y fit des observations intéressantes, il y expliqua des phénomènes étranges qui s'y représentaient périodiquement ; il se montra enfin, dans ce cas, comme dans tous ceux où son attention se porta sur un fait à observer ou à expliquer, judicieux dans ses observations, profond dans le choix des arguments sur lesquels il fonde ses explications, très-modeste toujours dans les affirmations qu'il met en avant, et dans les théories qu'il expose.

Nous n'avons pas besoin d'ajouter que, dans toutes les villes où il dut séjourner, les savants entretinrent avec lui les relations les plus amicales, en sorte qu'il eut la gloire, plus d'une fois, de faire disparaître des préjugés encore accrédités, de faire admettre des théories à peine comprises, et dédaigneusement rejetées, de rendre plus savants, en un mot, presque tous ces savants.

A son retour par Turin, le roi de Sardaigne, toujours

pénétré de son mérite, et reconnaissant de ses services, lui fit offrir l'ordre de Saint-Maurice qu'il accepta avec la permission du roi Louis XV.

XLI.

Il semble que les monarques aient voulu se disputer l'honneur d'avoir le plus dignement récompensé le savant. A peine a-t-il terminé ses cours de Physique expérimentale au Collége de Navarre, qu'il est rappelé à Versailles pour y continuer ses leçons; et il y reçoit le brevet de Maître de Physique et d'Histoire naturelle des Enfants de France. Il déploie envers les jeunes princes la même attention et le même zèle qu'il avait déployé pour leur père. Il trouve dans les mêmes efforts la continuation des mêmes succès.

Cependant les cours de physique établis partout, à l'instar des siens, demandaient des maîtres habiles qui les missent en état de prospérer par l'intérêt qu'ils offriraient aux masses. Il fut obligé de se dévouer lui-même au succès de plusieurs, dont il fut le premier professeur. Cette faveur devait être accordée d'abord à une ville voisine du lieu de sa naissance.

Lafère possédait déjà son Ecole d'artillerie qui rendit de si éminents services à l'armée et à la science : Nollet fut nommé professeur de physique dans cette école. Il est inutile de dire avec quelle joie il vint se consacrer à l'instruction des jeunes étudiants, dans un pays si rapproché du sien, au sein de cette Picardie où il avait laissé tant d'affections et de souvenirs.

De Lafère, il alla occuper la chaire de Mézières, récemment fondée par M. de Crémille, directeur général de l'artillerie et du génie. Son dévouement ne connaissait pas de bornes; partout où l'appelait le besoin d'apprendre pour lui-même ou pour les autres, il volait au premier signe, sans s'inquiéter nullement des soins que la préoccupation de sa gloire aurait pu lui faire porter ailleurs. Il ne cherchait qu'à répandre la science, il ne pensa jamais à étendre sa réputation.

XLII.

Au milieu de tous ces travaux, Nollet trouvait encore le temps d'enrichir les comptes-rendus de l'Académie des Sciences de remarquables Mémoires. En 1856 il publia un travail assez étendu sur le moyen de rafraîchir les liquides. C'est dans cette intéressante étude qu'il donne, le premier, l'idée des mélanges réfrigérants dont l'usage a rendu de si grands services aux expérimentateurs et aux praticiens.

Nous trouvons, dans une publication qu'il fit en 1765, une nouvelle preuve du désir que possédait avant tout Nollet d'être utile aux masses, et de servir les plus humbles industries. Ce savant de premier ordre ne dédaigne pas les études les plus modestes, pourvu qu'il puisse par là faire avancer quelque art. Des hautes spéculations dont les sciences naturelles ont été pour lui l'occasion, de l'étude et de l'examen des théories les plus brillantes, des observations les plus intéressantes sur l'électricité considérée sur la terre ou dans les nuages, il ne dédaigne pas de descendre dans l'atelier modeste du chapelier, de s'occuper de son industrie, de rechercher tous les détails de son art, et de l'éclairer de ses conseils. Ce sont ses préceptes sur cette industrie qu'il réunit dans l'*Art de faire les chapeaux*. La simplicité de cet homme remarquable y apparaît à chaque page : nous ne résisterons pas au désir de citer quelques lignes de sa préface.

« On ferait, sans doute, dit-il, un ouvrage curieux et
« important à l'histoire, si l'on pouvait recueillir et faire
« connaître toutes les sortes de coiffures que les hommes
« de tous les temps et de toutes les parties du monde ont
« imaginées pour défendre leur tête contre les injures de

＿ 69 ＿

« l'air, pour se décorer, ou pour leur servir de marques
« distinctives. Et quand on se bornerait à décrire seule-
« ment celles qui sont en usage aujourd'hui parmi les
« diverses nations, il y aurait encore de quoi discuter
« assez longuement, et d'une manière intéressante. Mais
« ce n'est point là mon objet : je me propose uniquement
« de consigner dans cet écrit les matières qu'on emploie,
« et les différentes façons qu'on leur donne pour fabriquer
« cette espèce de bonnet à large bord, que nous appelons
« *chapeau*, et qui fait, lui seul, l'objet d'un art assez
« étendu, et distingué dans le commerce. »

XLIII.

Ni l'âge, ni l'aisance qu'il devait à ses talents, ne ralen-
tirent son goût pour le travail. Les dernières années de sa
vie furent marquées par une œuvre qui devait dignement
compléter les Leçons de Physique expérimentale. L'*Art des
expériences* venait clore, de la manière la plus heureuse, la
série des travaux du savant académicien, et mettre tous les
physiciens en état de suivre dans leur enseignement le
système adopté par lui avec tant de succès.

Dans toutes les sciences fondées sur l'observation ou
l'expérience, la connaissance des instruments est une partie
essentielle ; mais, dans la physique expérimentale surtout,
cette partie est une des plus importantes. Aussi Nollet
voulut-il, dans ce nouvel ouvrage, non-seulement donner
une théorie détaillée des instruments et de leurs usages,
mais encore indiquer la manière de les construire, de
choisir les matériaux les plus propres à leur construction,
de préparer enfin toutes les pièces qui doivent y entrer, de
façon à obtenir, par le moyen le plus simple, les résultats
les plus précis et les plus satisfaisants.

On juge bien que cette partie de l'ouvrage de l'abbé
Nollet est remplie de détails minutieux, mais nécessaires ;
et qu'il ne pouvait espérer d'autre récompense de ce pénible

travail que la satisfaction d'avoir contribué, d'une manière
aussi efficace que peu éclatante, aux progrès de la physique.

« Sans un pareil secours, en effet, l'étude de la physique
« expérimentale ne pourrait faire partie de l'éducation dans
« les colléges de province.... C'était dans cette vue que
« l'abbé Nollet avait, pour ainsi dire, pris avec le public
« l'engagement de lui donner cet ouvrage qu'il jugeait
« presque nécessaire à la parfaite intelligence de sés leçons.
« Il voulait aussi par là répandre le goût de la physique,
« en facilitant les moyens de s'y livrer. C'était là l'espèce
« de succès qui flattait le plus l'abbé Nollet ; SA MODESTIE
« ET SON AMOUR POUR LES SCIENCES ET POUR LE BIEN
« PUBLIC LUI FAISAIENT PRÉFÉRER A TOUT AUTRE HON-
« NEUR CELUI D'AVOIR, LE PREMIER, FAIT SENTIR A LA
« NATION ET A CEUX QUI LA GOUVERNENT, L'AGRÉMENT
« ET L'AVANTAGE QUE PEUVENT PROCURER LES SCIENCES
« PHYSIQUES (1). »

XLIV.

Nollet avait épuisé, dans ce dernier travail une santé,
sensiblement affaiblie depuis plusieurs années par ses
constantes et laborieuses études. « Cependant, dit M. G.
de Fouchy, il avait, jusqu'à l'année dernière (1769), joui
d'une assez bonne santé ; il était seulement sujet à des
épanchements de bile, qui semblaient n'exiger qu'un
régime auquel la régularité de ses mœurs lui permettait de
s'assujettir aisément. Vers la fin de l'année, ces accidents
devinrent plus fréquents, et on s'aperçut d'un dépéris-
sement sensible. Cependant, il ne se relâchait sur aucun
de ses devoirs. Le Roi l'avait nommé au commencement de
cette année (1770) Sous-Directeur de cette Compagnie, et
je me félicitais de l'avoir pour adjoint dans les fonctions de
Directeur que j'ai l'honneur d'exercer en ce moment. »

____

(1) *Mémoires de l'Académie des Sciences*, 1770, p. 29.

« M. l'abbé Nollet assista sans aucune interruption à nos assemblées jusqu'à la Semaine Sainte. Il allait ordinairement passer les vacances à une maison de campagne qu'il avait à quelques lieues de Paris; je lui souhaitai, en le quittant, un bon voyage; j'ignorais, et alors il ignorait aussi, que c'était la dernière fois que je lui parlerais. Pendant la semaine de Pâques, son incommodité devint plus considérable, et, le samedi, il fut attaqué d'un violent mal au côté, qui l'obligea de se mettre au lit. On le ramena à Paris, le dimanche, pour être plus à portée des secours; mais il n'était plus temps de les lui donner : il profita de celui qui lui restait pour se disposer à la mort en philosophe chrétien, et mourut le mardi 24 avril (1770), veille de la dernière assemblée publique, avec tous les sentiments de la piété la plus sincère. »

XLV.

« Nollet était grand et bien fait. Sa physionomie annonçait la douceur de son caractère, sur laquelle il ne s'est jamais démenti, non plus que sur la régularité de ses mœurs. Qui avait vécu avec lui un jour pouvait répondre de tout le reste de sa vie; on ignore qu'il soit sorti un seul moment de son assiette ordinaire et de sa constante modération. Il ne s'animait que lorsqu'il parlait de physique. Studieux, tous ses plaisirs se bornaient à quelques promenades et à la conversation de ses amis : on juge bien qu'avec un pareil caractère, il a mérité d'en avoir. Il était Diacre; mais, entraîné de bonne heure vers la science, il crut devoir se contenter d'être un ecclésiastique très-régulier (1). »

On nous permettra d'ajouter à ces traits si vrais d'un caractère que l'illustre Directeur de l'Académie avait pu,

____

(1) *Éloge de l'abbé Nollet*, prononcé devant l'Académie des Sciences, par G. de Fouchy.

mieux que tout autre, connaître et apprécier, quelques incidents de sa vie qui ne feront que le compléter.

On sait avec quel charme le Dauphin avait toujours suivi ses leçons. Les qualités du maître lui méritèrent au plus haut point la confiance et l'estime de son élève. Un jour que le jeune Prince était venu de Versailles à Paris pour quelque cérémonie dont il devait être l'objet, il fit avertir le Diacre de Pimprez qu'il dînait aux Tuileries. Nollet s'y rend immédiatement pour faire sa cour au Prince. A peine celui-ci l'a-t-il aperçu, qu'il se lève, et, s'approchant avec bonté de l'humble visiteur : *Binet*, lui dit-il, *est plus heureux que moi, il a été chez vous.....* — Binet était apparemment le page qu'il avait chargé du soin de prévenir le savant.

Une autre fois, ce Prince, qui ne cessa jamais de donner à l'ingénieux Physicien des preuves de la bienveillance la plus marquée, lui exprima le désir de le voir se préoccuper un peu plus de sa fortune. Nollet lui répondit d'abord que ce qu'il recevait de la munificence du Roi lui suffisait; mais, pressé par le jeune Dauphin, il promit de faire sa cour à un homme en place dont la protection devait lui être utile. Il va donc, au jour marqué, trouver le personnage auquel il croit pouvoir, en toute confiance, présenter ses ouvrages. Le protecteur lui dit froidement en jetant les yeux sur les livres qui lui sont offerts, « qu'il ne lit pas ces sortes de choses. » — « Monsieur, lui répond « Nollet, voulez-vous permettre que je les laisse dans « votre antichambre? Il s'y trouvera peut-être des gens « d'esprit qui les liront avec plaisir. »

XLVI.

« Cet homme, c'est le secrétaire perpétuel de l'Académie qui parle, connu de tout l'univers, accueilli des souverains, désiré dans les plus illustres compagnies littéraires, ne faisait pas un seul voyage à Lafère, sans se détourner, au retour, pour aller dans le lieu de sa naissance, passer quelques jours avec sa famille, et y laisser des marques nombreuses de sa tendresse et de sa bienfaisance. » Dans ses visites au lieu de son enfance, Nollet ne pensait pas seulement à sa famille pour laquelle il donnait pourtant de si belles preuves d'affection ; il pensait encore au village tout entier que ni les succès scientifiques, ni la fréquentation des grandes villes n'avaient pu lui faire oublier. On raconte, qu'un jour, comme il visitait l'église à son arrivée dans le village, et examinait avec soin chacune des parties du modeste édifice pour jouir plus amplement du plaisir de tout revoir et de tout reconnaître, le pied lui manqua par la faute d'un pavé très-imparfaitement conservé. La chute du savant fut utile à l'église. Il prit aussitôt la résolution de remplacer les carreaux absents par les dalles que l'on remarque aujourd'hui dans l'allée principale.

L'une d'elles recouvre la cendre du savant Diacre. On y lit difficilement l'inscription qui rappelle ses titres et la date de sa mort. Mais, au fond de l'église, on la trouve presque textuellement reproduite au-dessous d'un portrait de l'illustre Pimprézien, qui fait plus d'honneur à la bonne volonté qu'au goût et au talent de l'artiste.

C'est près de l'église, à l'extrémité opposée de la petite place du village, que le savant physicien vit le jour. La maison, qu'il y habita quelques années, paraît avoir été reconstruite ; cependant, plus d'un souvenir est resté attaché à ces lieux témoins de ses premiers jeux et de ses premières études ; nous en avons réveillé quelques-uns. Puissions-nous, par cette esquisse rapide, avoir attiré sur cet homme, si admirable par les qualités de l'esprit et du cœur, l'attention des personnes, au moins, les plus intéressées à le connaître et les mieux disposées à l'apprécier !

Nous sommes heureux de pouvoir ajouter à cette courte

biographie le testament de l'abbé Nollet, tiré d'une copie écrite l'année même de sa mort et signée par sa légataire universelle, mademoiselle d'Herbourg. La vie et le caractère du pieux et savant Diacre y sont peints tout entiers : il donnera l'occasion d'admirer une fois de plus sa générosité et ses sentiments chrétiens.

Au nom de la très-sainte Trinité, Père, Fils et Saint-Esprit.

Ma première et ma plus ferme volonté est de mourir comme Dieu m'a fait la grâce de vivre dans le sein, et dans la croyance de la Sainte Eglise Catholique, Apostolique et Romaine, et d'obtenir, avant mon décès, le pardon de mes fautes.

1° Je lègue et donne à l'Hôpital de Clermont, en Beauvoisis, une somme de douze cents livres, une fois payée.

2° Je lègue à l'église de Pimprez, diocèse de Noyon, lieu de ma naissance, une pareille somme de douze cents livres, à condition que tous les ans, le jour de saint Charles jusqu'à la fin de ce siècle, il sera dit une messe pour le repos des âmes de tous les deffunts de ma famille.

3° Je lègue une somme de trois cents livres, qui sera remise entre les mains de M. le Prieur d'Athiz, pour être par luy employée au soulagement des pauvres de ladite paroisse.

4° Je lègue à Pierre Nollet, mon cousin germain, une somme de douze cents livres, une fois payée.

5° Je lègue à Jacques-Antoine Guy, mon cousin germain, une somme de quatre mille livres, une fois payée.

6° Je lègue à Marie Guy, veuve du sieur Ravalet, ma cousine germaine, une somme de cinq cents livres, une fois payée.

7° Je lègue à Jean Alizat, élève de l'Académie royale de peinture, une somme de trois mille livres, deux de mes robes de chambre à son choix, tout mon linge de corps, quatre paires de draps de maître, et l'emmeublement entier de mon appartement de Versailles, en luy recommandant de ne jamais oublier que je luy ai aidé à acquérir des talents et un état, afin qu'il pût secourir ceux de ses proches qui seroient dans l'indigence, spécialement le jeune Alizat, son cousin germain, actuellement pensionnaire au collége de Saint-Vincent, de Senlis.

8° Je lègue à Marie Cailla, femme de M. Gallonde, maître horloger, ma cousine, deux cent cinquante livres de rente viagère à titre de pension alimentaire et non saisissable.

9° Je lègue à Agnès Renée, de la Haye, ma fillolle, une somme de deux mille livres, une fois payée, pour aider à son établissement, et au cas que ladite Agnès Renée sera décédée avant moy, je lègue à Marie Guy, sa mère, cent livres de rente viagère et non saisissable.

10° Je lègue à Louise Damery cinquante livres de rente viagère et non saisissable.

11° Je lègue à chacun de mes domestiques, y compris mon

jardinier de Mont-sur-Orge, une somme de cent cinquante livres, une fois payée, au par-dessus de ce qui pourroit leur être dub de leurs gages ou avances au jour de mon décès.

12° Je lègue au fils aîné de Regnier, mon filleul, une somme de cent cinquante livres, une fois payée, pour l'aider à apprendre un métier.

13° Je lègue une pareille somme de cent cinquante livres, une fois payée, à la fille aînée de Jacques Mola, habitant d'Athiz, et encore une pareille somme à Antoinette Robert, fille de mon jardinier; mon intention étant que ces deux enfants apprennent chacun un métier.

14° Je lègue à M. Bezout, de l'Académie royalle des Sciences, le lit que j'ay à Bapaume, le baromètre à cadran, le portrait de feu Monseigneur le Dauphin, et le médaillon de mademoiselle Arding Lelly, qui sont dans mon cabinet de Paris.

15° Je lègue à M. Brisson, de l'Académie royalle des Sciences, la pierre d'aimant avec son portant qui est à côté de mon buste de marbre avec le tableau lavé à l'encre de la Chine, représentant une savonnerie, et je le prie de recueillir les papiers de lettres et autres papiers provenant de la succession de M. Reaumur, pour remettre à l'Académie des Sciences ceux qui pourront luy appartenir.

16° Je lègue à M. Herissart, docteur en médecine et membre de l'Académie royalle des Sciences, le porte-feuille qui contient les oiseaux, insectes et autres parties d'histoire naturelle enluminées et mises au jour par M. de Buffon; de plus, toutes les planches de l'ornithologie de M. Brisson, reliées en un volume in-folio, et quatre volumes brochés des figures de l'encyclopédie.

17° Je lègue à M. Sorbet, chirurgien-major de la première compagnie des Mousquetaires, un tableau qui est dans ma salle à manger de Paris, représentant un esclave qui médite, ayant un couteau à la main, plus, un autre tableau représentant un paysage qui est dans ma salle à manger de Mont-sur-Orge, et encore une esquisse d'une descente de croix qui est dans ma chambre à coucher du même endroit.

18° Je déclare que j'ay fait donnation à mademoiselle Marie-Louise-Françoise-Issaine d'Herbourg d'une somme de six mille livres qu'elle a laissée entre mes mains, et dont je luy paye la rente; je confirme ladite donnation, et, en outre, après l'acquit des legs mentionnés cy-dessus, j'institue ladite demoiselle d'Herbourg ma légataire universelle, et je revocque tout autre testament que j'aurois pû faire, déclarant que celuy-cy contient ma dernière volonté, et pour l'exécuter, je nomme mon amy M. Laubry, cy-devant avocat au conseil, et je le prie de vouloir bien accepter, en mémoire de notre ancienne amitié, le diamant brillant que j'ay coutume de porter en bague, et que j'ay reçu en présent de S. A. R. Monseigneur le duc de Savoye.

A Paris, ce deuxième jour du mois de juin de l'année mil sept cent soixante-sept. Signé : NOLLET.

Pierre Nollet, au profit duquel j'avois fait le legs mentionné à l'article quatre étant décédé, je transporte ledit legs de douze cents livres à son fils unique, marchand tapissier, qui demeure actuellement rue Saint-Antoine, paroisse Saint-Paul.

Agnès Renée, de la Haye, ma fillolle s'étant mariée depuis ma disposition de l'article neuf, j'annulle, dans cet article, ce qui la concerne à cause de ce que j'ay fait pour elle lors de son mariage, et j'entends laisser subsister ce qui concerne Marie Guy, sa mère, dans le même article.

À Paris, ce dix-neuf juin mil sept cent soixante-huit.

Signé : NOLLET.

En marge est écrit : Controllé à Paris, le vingt-six avril mil sept cent soixante-dix, reçu vingt-six livres.

Signé : LANGLOIS.

En une autre marge est encore écrit : Vu au greffe des insinuations du Châtelet de Paris sans préjudice des droits, ce vingt-six avril mil sept cent soixante-dix.

Signé : RAGRÉ.

Il est ainsy, en l'original desdits testament et Codicille, déposé pour minute à M⁰ Lebrun, l'un des notaires soussigné, suivant et par le procès-verbal d'apposition de scellés mis par M. Guyot, commissaire au Châtelet, après le décès de M. Jean-Antoine Nollet, Diacre, licencié en théologie de l'Académie Royalle des Sciences, de la Société Royalle de Londres, de l'Institut de Bologne, de l'Académie des Sciences d'Erford, maître de physique et d'histoire naturelle des Enfants de France, professeur royal de Physique expérimentalle au Collége de Navarre, et aux écoles de l'artillerie et du génie, datté au commencement du vingt-quatre avril 1770. Ledit dépôt fait le lendemain 25 dudit présent mois d'avril, lequel M⁰ Lebrun a deslivré ces présentes. Cejourd'hui, 26 avril 1770.

Signé : LEBRUN et GUÉRET, avec paraphes.

Scellé lesdits jour et an.

Et insinué à Paris, le 22 juin 1770.

(*Signature illisible.*)

Je certifie la présente copie conforme à l'original du testamant de M. l'abbé Nollet, en fois de quoy j'ay signé,

D'HERBOURG.

A Paris, ce 3 juillet 1770.

Noyon. — Imp. de Cottu-Harlay.

www.ingramcontent.com/pod-product-compliance
Ingram Content Group UK Ltd.
Pitfield, Milton Keynes, MK11 3LW, UK
UKHW020649120726
13658UKWH00006B/1121